Couvertures supérieure et inférieure
en couleur

LA

MORALE POUR TOUS

PAR AD. FRANCK

MEMBRE DE L'INSTITUT

PROFESSEUR AU COLLÉGE DE FRANCE

NOUVELLE ÉDITION

PARIS
LIBRAIRIE HACHETTE ET Cie
79, BOULEVARD SAINT-GERMAIN, 79

LIBRAIRIE HACHETTE & Cⁱᵉ, BOULEVARD SAINT-GERMAIN, 79, A PARIS

LITTÉRATURE POPULAIRE

ÉDITIONS A 1 FRANC 25 C. LE VOLUME, FORMAT IN-18 JÉSUS

Le cartonnage en percaline gaufrée se paye en sus 50 cent. par volume

Agassiz (M. et Mme) : *Voyage au Brésil*, 1 vol. avec une carte.
Aunet (Mme Léonie d') : *Voyage d'une femme au Spitzberg*. 1 vol.
Badin (Ad.). *Duguay-Trouin*. 1 vol.
— *Jean Bart*. 1 vol.
Baines (Th.). *Voyage dans le Sud-Ouest de l'Afrique*. 1 vol.
Baker (S. W.) : *Le lac Albert. Nouveau voyage aux sources du Nil*, 1 vol.
Baldwin. *Du Natal au Zambèse, 1863-1865. Récits de chasses*. 1 vol.
Barrau (Th.-H.). *Conseils aux ouvriers sur les moyens d'améliorer leur condition*. 1 v.
Bernard (Fréd.). *Vie d'Oberlin*. 1 vol.
Bonnechose (Émile de). *Bertrand du Guesclin*, 1 vol.
— *Lazare Hoche*. 1 vol.
Burton (le capitaine) : *Voyages à la Mecque, aux grands lacs d'Afrique et chez les Mormons*. 1 vol. avec 3 cartes.
Calemard de la Fayette. *La Prime d'honneur*. 1 vol.
— *L'Agriculture progressive*. 1 vol.
Carraud (Mme Z.). *Une Servante d'autrefois*. 1 vol.
Charton (Éd.). *Histoires de trois enfants pauvres*. 1 vol.
Corne (H.). *Le Cardinal Mazarin*. 1 vol.
— *Le Cardinal de Richelieu*. 1 vol.
Corneille (Pierre). *Chefs-d'œuvre*. 1 vol.
Deherrypon (Martial). *La Boutique de la marchande de poissons*. 1 vol.
Delapalme. *Le Premier livre du citoyen*. 1 vol.
Duval (Jules). *Notre pays*, 1 vol.
Ernouf (Le baron). *Histoire de trois ouvriers français*. 1 vol.
— *Jacquard; Philippe de Girard*. 1 vol.
— *Denis Papin*. 1 vol.
Franck (A.) : *Morale pour tous*; 2ᵉ édit. 1 volume.
Franklin. *Œuvres*, traduites de l'anglais et annotées par Éd. Laboulaye. 5 vol.
Guillemin (Amédée). *La Lune*. 1 vol. avec 2 grandes planches et 46 vignettes.
— *Le Soleil*. 1 vol. avec 58 figures.
— *La Lumière*. 1 vol. avec 71 figures.
— *Le Son*. 1 vol. avec 70 figures.
Hauréau (B.). *Charlemagne et sa cour*. 1 v.
Hayes (Dʳ I.-I.). *La mer libre du pôle*. 1 v.
Hœfer (Dʳ) : *Les saisons, études de la nature*. 2 séries formant 2 vol. avec figures.
Chaque série se vend séparément.
Homère. *Les beautés de l'Iliade et de l'Odyssée*, traduction de M. Giguet. 1 v.
Jouveaux (Émile) : *Histoire de quatre ouvriers anglais* (Maudslay, Stephenson, W. Fairbairn, J. Nasmyth). 1 vol.
— *Histoire de trois potiers célèbres*. 1 vol.
Joinville (Le sire de). *Histoire de saint Louis*, texte rapproché du français moderne, par Natalis de Wailly. 1 vol.

Jouault. *Abraham Lincoln*. 1 vol. avec deux portraits.
— *Georges Washington*. 1 vol. avec 2 cartes.
Labouchère (Alf.). *Oberkampf*. 1 vol.
Lacombe (P.) : *Petite histoire du peuple français*. 1 vol.
La Fontaine. *Choix de fables*. 1 vol.
Lanoye (Fr. de) : *L'Inde contemporaine*. 1 vol.
Le loyal serviteur : *Histoire du gentil seigneur de Bayart*, 1 vol.
Livingstone (Charles et David). *Explorations dans l'Afrique centrale et dans le bassin du Zambèse. 1840-1860*. 1 vol.
Mage (E.) : *Voyage dans le Soudan occidental*. 1 vol. avec une carte.
Marcoy (P.) : *Scènes et paysages dans les Andes*. 2 vol.
Meunier (Mme H.). *Le Docteur au village. Entretiens familiers sur l'hygiène*. 1 v.
Entretiens sur la botanique. 1 vol.
Milton (le Vte) et le Dʳ W. B. Cheadle. *Voyage de l'Atlantique au Pacifique, à travers les montagnes Rocheuses*, 1 vol. avec cartes.
Molière. *Chefs-d'œuvre*. 2 vol.
Mouhot. *Voyages à Siam, dans le Cambodge et le Laos*. 1 vol.
Müller (Eug.). *La boutique du marchand de nouveautés*. 1 vol.
Palgrave (W. G.) : *Une année dans l'Arabie centrale*. 1 vol. avec carte.
Perron d'Arc : *Aventures d'un voyageur en Australie*. 1 vol.
Pfeiffer (Mme Ida). *Voyage autour du monde*, édition abrégée par J. Belin de Launay. 1 vol.
Piotrowski (R.) : *Souvenirs d'un Sibérien*. 1 vol.
Poirson. *Guide-Manuel de l'Orphéoniste*. 1 vol.
Racine (Jean). *Œuvres complètes*. 3 vol.
— *Chefs-d'œuvre*. 2 vol.
Reclus (É.). *Les phénomènes terrestres*. 2 vol. qui se vendent séparément :
I. *Les continents*. 1 vol.
II. *Les mers et les météores*. 1 vol.
Rendu (Victor). *Principes d'agriculture*. 2 vol. avec vignettes.
— *Mœurs pittoresques des insectes*. 1 vol.
Shakspeare. *Chefs-d'œuvre*. 3 vol.
Speke (Journal du capitaine John Hanning). *Découverte des sources du Nil*. 1 v.
Thévenin (Évariste). *Cours d'économie industrielle*. 7 vol.
— *Entretiens populaires*. 9 vol.
Chaque volume se vend séparément.
Vambéry (Arminius). *Voyages d'un faux derviche dans l'Asie centrale*. 1 vol.
Véron (E.). *Les Associations ouvrières en Allemagne, en Angleterre et en France*. 1 vol.
Wallon (de l'Institut). *Jeanne d'Arc*. 1 v. ill.

Coulommiers. — Typ. Albert Ponsot et P. Brodard.

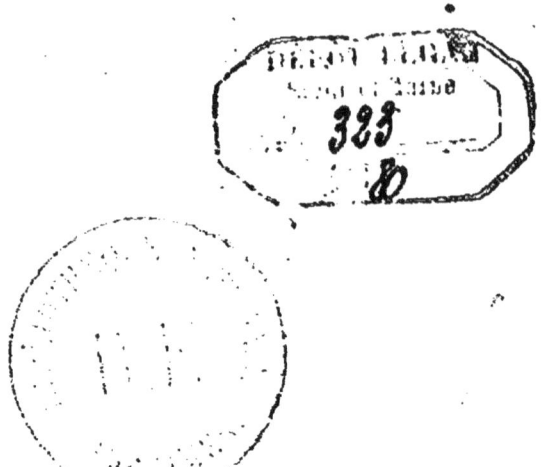

LA MORALE POUR TOUS

DU MÊME AUTEUR :

Dictionnaire des sciences philosophiques; 2ᵉ édition.
1 vol. grand in-8°. . . . . 35 fr. »
Esquisse d'une histoire de la logique. 1 vol. in-8°. . . 1 fr. »
La Kabbale. 1 vol. in-8°. . . . . 7 fr. 50
La Certitude. 1 vol. in-8°. . . . . 6 fr. »
Études orientales. 1 vol. in-8°. . . . . 7 fr. 50
Réformateurs et publicistes de l'Europe. 1 vol. in-8°. 7 fr. 50
Philosophie et Religion. 1 vol. in-8°. . . . . 7 fr. 50
Philosophie du droit pénal. 1 vol. in-18 . . . . 2 fr. 50
Philosophie du droit ecclésiastique. 1 vol. in-18 . . . 2 fr. 50
Le Mysticisme en France au XVIIIᵉ siècle. 1 vol. in-18. 2 fr. 50
De la Famille. 1 vol. in-18. . . . . » 25
La vraie et la fausse égalité. 1 vol. . . . . » 25

COULOMMIERS. — Imprimerie PAUL BRODARD.

LA

MORALE POUR TOUS

PAR AD. FRANCK

MEMBRE DE L'INSTITUT

PROFESSEUR AU COLLÈGE DE FRANCE

QUATRIÈME ÉDITION

PARIS

LIBRAIRIE HACHETTE ET Cie

79, BOULEVARD SAINT-GERMAIN, 79

1880

Droits de propriété et de traduction réservés

TABLE DES MATIÈRES

Introduction. — Définition et division de la Morale....... 1

PREMIÈRE PARTIE

PSYCHOLOGIE MORALE

I. — Coup d'œil sur la nature humaine en général. — L'âme et le corps. — Phénomènes physiologiques et phénomènes psychologiques. — Phénomènes mixtes. — Sensibilité, intelligence, activité. — Activité aveugle et spontanée. — Activité volontaire et réfléchie. — Liberté...................... 5

II. — On n'agit pas librement sans avoir un but ou un motif. — Des différents motifs de nos actions : le plaisir, la passion, l'intérêt, le devoir ou le bien. — Comment nous apercevons la distinction du bien et du mal; quels sont les idées et les sentiments qui se produisent dans notre âme en présence d'une bonne ou d'une mauvaise action. — Ces idées et ces sentiments se développent dans l'individu par l'éducation, dans la société et dans chaque peuple par la civilisation..... 14

III. — L'idée du bien, fondement de la morale. — Rapports qui existent entre l'idée du bien et l'idée du devoir. — Son caractère absolu et universel. — Comment les hommes appliquent l'idée du bien aux différentes actions de la vie. 21

IV. — En quoi l'idée du bien diffère des notions de l'utile et de l'agréable, et des autres mobiles avec lesquels on l'a trop souvent confondue...................................... 26

V. — Retour sur la distinction de l'honnête et de l'utile. — Ce qui constitue le caractère moral ou la bonté d'un acte, ce n'est pas le plaisir ou l'intérêt qu'on y trouve, mais la conformité de ces actes avec la loi dictée par la raison ou par la conscience morale. — L'histoire nous prouve que les hommes ont toujours envisagé le bien comme le motif suprême de nos actes, et que les actions les plus admirées sont celles où l'intérêt personnel et la passion ont été sacrifiés au devoir.. 30

VI. — Sanctions de la loi morale. — Première sanction : sanction morale, remords et satisfaction de conscience. — Deuxième sanction : sanction physique, bien-être et souffrance matériels qui résultent de nos bonnes et de nos mauvaises actions.. 37

VII. — Troisième sanction : sanction sociale. — Double manifestation de la sanction sociale : la conscience publique, ou l'estime et le mépris de nos semblables; la loi pénale. — But et limites de la loi pénale.................................... 40

VIII. — Sanction religieuse, ou immortalité de l'âme. — Nécessité de cette sanction pour suppléer à ce que les autres ont d'insuffisant et d'incomplet............................. 43

IX. — Autres preuves de l'immortalité de l'âme............ 45

DEUXIÈME PARTIE

MORALE PROPREMENT DITE

X. — Division de la morale proprement dite. — Division et classification des devoirs. — Pourquoi la division des devoirs a remplacé l'ancienne division de la vertu en quatre vertus cardinales... 51

CHAPITRE PREMIER

MORALE INDIVIDUELLE

XI. — *Morale individuelle*, ou devoirs envers nous-mêmes. — Devoirs de la morale individuelle qui regardent le corps. — De l'hygiène. — De la gymnastique. — De la tempérance. — Le suicide condamné par les lois de la morale...... 54

XII. — Devoirs de la morale individuelle qui regardent l'âme : ils se rapportent aux différentes facultés, sensibilité, intelligence, volonté, qu'il faut développer et discipliner en vue de l'accomplissement du bien...................................... 59

XIII. — Du travail. — La loi du travail obligatoire pour tous. — Du travail imposé à chaque homme selon son état et sa profession. — Chaque condition, dans la société, a son importance et peut avoir sa dignité, quand on s'acquitte fidèlement des obligations qu'elle impose. — Influence salutaire du travail sur la moralité humaine. — De l'épargne accumulée ou du capital 63

CHAPITRE II

MORALE SOCIALE

Première section. — La famille.

XIV. — Devoirs de l'homme envers ses semblables ou envers la société. — Division et classification de ces devoirs. — La famille, premier fondement de la société et condition nécessaire des mœurs publiques. — Comment la félicité des peuples augmente ou diminue selon que les liens de la famille se resserrent ou se relâchent. — Du mariage et des devoirs qui en découlent.. 67

XV. — Devoirs des parents envers les enfants. — Subsistance, entretien, instruction, éducation. — Éducation par les bons exemples. — Les devoirs des parents envers les enfants sont la source des droits qu'ils exercent sur eux ou le fondement de l'autorité paternelle. — Des limites de l'autorité paternelle selon la raison ou la loi naturelle et selon le Code. — Comment cette autorité a varié chez les différents peuples et aux différentes époques de l'histoire 74

XVI. — Devoirs des enfants envers les parents. — Devoirs des enfants, tant qu'ils sont mineurs : obéissance, amour et respect. — Devoirs des enfants après leur émancipation : reconnaissance et piété filiale................................. 79

XVII. — Devoirs des enfants entre eux. — Liens naturels que crée entre eux la communauté d'origine et d'éducation. — Sentiments naturels qui en sont la suite. — Devoirs qui répondent à ces sentiments. — Devoirs mutuels des frères et des sœurs. — Devoirs des frères et des sœurs aînés envers les plus jeunes. — Amitié et solidarité de la famille.... 82

Deuxième section. — La société en général. — Devoirs de l'homme envers ses semblables hors de la famille.

XVIII. — La famille suppose la société humaine en général. — La vie sociale est la condition et le complément nécessaire de la vie domestique. — Par nécessité et par instinct, par toutes ses facultés, l'homme est un être essentiellement sociable. — L'état de nature, tel que l'ont compris certains philosophes, n'a jamais existé................................. 86

XIX. — Les relations de la société sont, comme les actions individuelles, soumises à la loi du devoir. — Fondement des devoirs de l'homme envers ses semblables : communauté de nature ; communauté de destinée ; fraternité humaine. — Le rôle de chaque homme à l'égard de ses semblables est de favoriser de tout son pouvoir l'accomplissement de leurs devoirs et de leur destinée.. 89

XX. — Distinction des devoirs de justice et des devoirs de charité. — Les devoirs de justice reposent sur cette maxime fondamentale : « Ne faites pas à autrui ce que vous ne voudriez pas qu'on vous fît. » Ils consistent à rendre à chacun ce qui lui appartient et à respecter le droit d'autrui. — Corrélation nécessaire des idées de droit et de devoir. — Énumération des principaux droits de la personne humaine et des devoirs qui en sont la conséquence................................... 93

XXI. — De l'obligation de respecter la vie de nos semblables. — L'homicide volontaire, hors le cas de légitime défense, est un crime contraire à toutes les lois divines et humaines. — Du duel. — Origine du duel. — Ce qui a pu l'excuser autrefois. — Pourquoi il est criminel dans l'état actuel de la société. — Du droit qu'a la société d'infliger des peines aux coupables. — Fondement du droit pénal. — Comment les lois pénales s'adoucissent par les progrès de la civilisation............ 97

XXII. — De l'obligation de respecter nos semblables dans leur liberté. — Liberté de conscience. — Liberté individuelle. — L'esclavage est une institution criminelle. — Le servage est un esclavage adouci, mais également condamné par toutes les lois morales.. 102

XXIII. — De l'obligation de respecter nos semblables dans leur intelligence et dans les efforts qu'ils font pour s'instruire et connaître la vérité. — Du mensonge. — De la calomnie. — De la diffamation. — De la médisance................. 106

XXIV. — De l'obligation de respecter nos semblables dans leurs biens ou leurs propriétés. — Origine et fondement de la propriété. — Du droit de succession d'après la loi naturelle et d'après le Code. — Devoir de restituer le bien mal acquis et de réparer les dommages causés à autrui............. 110

XXV. — De l'obligation résultant des contrats ou conventions conclus entre particuliers. — Pourquoi la loi intervient entre les deux parties pour les forcer à tenir leurs engagements. — Comment la conscience est d'accord avec la loi...... 115

XXVI. — Le caractère commun des devoirs de justice et des droits qui y correspondent, c'est qu'on peut recourir à la contrainte pour faire observer les uns et respecter les autres. — Exemples tirés du Code. — Comment les devoirs de justice, étant négatifs et d'abstention, ne sont que la moitié de la vertu, et comment il faut y joindre les devoirs d'action et de charité qui se résument dans cette maxime : « Aimez votre prochain comme vous-même, et faites à autrui ce que vous voudriez qu'on vous fît. » — Les devoirs de charité, quoique ne constituant aucun droit pour celui qui en est l'objet, n'en sont pas moins obligatoires pour chacun de nous dans la mesure de nos forces 117

XXVII. — Grandeur et beauté morale du dévouement. — Dans un État bien organisé, la loi du sacrifice s'accomplit à tous les degrés de l'échelle sociale ; nous sommes tous obligés de nous dévouer les uns pour les autres, chacun suivant ses moyens.. 123

XXVIII. — La loi de charité ne permet ni de désirer le mal du prochain, ni de se réjouir du mal qui lui arrive, ni de s'affliger de ses succès ou de sa prospérité. — Du pouvoir que nous avons sur nos passions. — De la haine. — De l'envie. — De la vengeance. — De l'orgueil. — De l'intolérance. — Influence de ces passions sur l'individu et sur la société. 125

Troisième section. — L'État ou la société civile. — Devoirs réciproques de l'État et du citoyen.

XXIX. — La société dans ses rapports avec l'État. — Qu'est-ce que l'État et quelles sont les conditions de son existence ? — Des lois de l'État. — Du gouvernement ou des pouvoirs chargés de les exécuter. — De la nation et de l'amour qu'elle inspire à chacun de ses membres sous le nom de patriotisme ou d'amour de la patrie. — Quelles sont les sources d'où dérive l'amour de la patrie. — De la force qu'il prête à chaque citoyen et à la nation tout entière. — Ce qu'il a produit de grand et de fécond aux différentes époques de l'histoire 130

XXX. — Devoirs du citoyen envers l'État : — Obéissance et respect que le citoyen doit à la constitution et aux lois de l'État. — Obéissance et respect qu'il doit aux dépositaires de l'autorité. — Motifs sur lesquels repose chacun de ces devoirs. 135

XXXI. — Autres devoirs du citoyen envers l'État : il est obligé de prêter main-forte à l'exécution des lois, s'il en est requis par l'autorité compétente. — Il est obligé, quand la patrie est en péril, quand son indépendance est menacée, de contribuer à sa défense et de lui faire le sacrifice, non-seulement de ses intérêts, mais de sa vie..................... 139

XXXII. — Du devoir qu'a le citoyen d'exercer avec justice et loyauté les droits que lui confère la Constitution et les lois. — Dans l'accomplissement des actes de la vie civile il doit avoir en vue le bien général et s'inspirer des motifs que la conscience lui dicte. — Du courage civil.................. 144

XXXIII. — Devoirs de l'État envers le citoyen. — En retour des sacrifices qu'il lui demande, l'État doit respecter et protéger le citoyen dans ses droits et dans ses intérêts légitimes. — Il doit venir en aide à l'individu et à la famille et suppléer à leur insuffisance pour assurer le développement intellectuel et moral de la société.................................. 148

Quatrième section. — Devoirs des États entre eux, des nations entre elles. — Du droit des gens.

XXXIV. — Obligations de l'homme à l'égard de ses semblables transportées de l'individu à une nation tout entière. — Obligation de respecter une nation dans sa vie propre, c'est-à-dire dans sa liberté et dans son indépendance. — Obligation de respecter une nation dans son honneur et dans sa dignité. — Obligation de respecter une nation dans ses biens ou dans son territoire... 153

XXXV. — Du droit de guerre. — Quelles sont les conditions auxquelles la guerre devient légitime. — Toute nation a le droit de se défendre contre une agression injuste ou de renverser les obstacles qui s'opposent à l'exercice de ses droits. — La raison moderne tend à modifier les notions anciennement reçues sur le droit de guerre et de conquête..... 157

XXXVI. — Différence entre le droit des gens naturel et le droit des gens positif. — Les relations internationales, soit qu'on les considère au point de vue des principes essentiels de la justice, ou au point de vue des conventions positives et des usages qui les règlent, ont varié selon les différentes époques de l'histoire. — Exemples.......................... 164

CHAPITRE III

DEVOIRS DE L'HOMME ENVERS LES ÊTRES INFÉRIEURS A LUI

XXXVII. — L'homme a des devoirs à remplir dans ses rapports avec la nature ou avec les êtres inférieurs. — Soit qu'on les fasse rentrer dans la morale individuelle, ou dans la morale sociale, ou dans la morale religieuse, soit qu'on leur assigne une place à part dans la division de la morale, ces devoirs ne doivent pas être négligés. — Comment nous devons traiter les animaux. — Loi Grammont. — Usage que nous devons faire des choses inanimées 170

CHAPITRE IV

DEVOIRS ENVERS DIEU OU MORALE RELIGIEUSE

XXXVIII. — La morale religieuse est le couronnement nécessaire de la morale. — La morale religieuse a pour fondement la croyance à l'existence de Dieu. — Principales preuves de l'existence de Dieu : preuves tirées de la nature inorganique, de la nature organisée, de l'ensemble des facultés de l'âme humaine, de la raison, du sentiment.................. 176

XXXIX. — De la nature de Dieu et de ses rapports avec l'homme. — Des sentiments que nous inspire la nature de Dieu et des devoirs qu'elle nous impose : culte intérieur; culte extérieur; culte public 183

XL. — L'accomplissement de la loi morale fait partie de nos devoirs envers Dieu. — Le devoir envisagé comme obéissance à la volonté divine. — Ce que le sentiment moral emprunte de force à l'idée d'un législateur suprême qui ordonne le bien et défend le mal 189

INTRODUCTION

DÉFINITION ET DIVISION DE LA MORALE

La morale, si l'on remonte à l'étymologie de son nom et à celle du nom qu'elle a porté dans l'antiquité (1), est la science des mœurs, c'est-à-dire la science qui nous apprend à régler notre conduite et à gouverner notre vie, car les mœurs, selon la plus large et la plus juste acception du mot, ne sont pas autre chose que nos façons de vivre et d'agir.

Mais d'où nous vient cette pensée de régler notre conduite et de gouverner notre vie par des lois générales et constantes, susceptibles d'être la matière d'une science ? De la certitude naturelle et inébranlable que nous avons de ne dépendre dans nos actions que de notre seule volonté, de pouvoir nous conduire suivant nos propres décisions, d'être, en un mot, des créatures libres. Notre liberté, comme notre vie même, comme tout ce qui existe, a nécessairement un but, une fin, que nous ne pouvons nous dispenser de

---

(1) ἠθική en grec, *ethica* en latin, *éthique* en français, trois mots dérivés de la même source, de ἦθος, mœurs.

connaître et qui ne peut être que la même pour des êtres de même nature. Donc la morale peut aussi être définie : « La science qui nous enseigne notre fin, la fin pour laquelle nous avons été créés, et les moyens de la remplir. »

Agir toujours en vue de cette fin, c'est obéir à une règle ou à une loi, c'est admettre qu'il y a des devoirs, c'est-à-dire des actions qui nous sont absolument commandées et d'autres qui nous sont absolument défendues par la raison, indépendamment de toute contrainte extérieure, indépendamment de tout châtiment et de toute récompense. De là une nouvelle manière de définir la morale, car on peut dire qu'elle est la science de nos devoirs.

Enfin, accomplir les actions qui nous sont commandées et s'abstenir de celles qui nous sont défendues, obéir à la loi suprême de notre vie, remplir la fin pour laquelle nous existons, voilà ce qu'on appelle le bien; le contraire, c'est le mal. D'où il résulte que la morale est aussi la science qui nous instruit à faire le bien et à éviter le mal.

Toutes ces définitions sont également bonnes, car elles expriment exactement la même idée. Elles supposent que l'homme, étant un être libre et raisonnable, doit nécessairement se demander quel usage la raison exige qu'il fasse de sa liberté. Cette question, en effet, n'a pas cessé d'occuper l'homme depuis qu'il existe; la morale est aussi ancienne que la société, qui ne saurait subsister, ni se former sans elle.

Il est impossible que la morale nous enseigne comment nous devons nous conduire, ou quelles règles nous devons suivre dans les différentes situations de notre vie, si d'abord elle ne nous a fait connaître le principe commun de toutes ces règles, la loi supérieure, universelle, d'où elles dérivent et à laquelle elles empruntent leur autorité. D'un autre côté, puisque la morale suppose nécessairement la liberté et ne peut se concevoir sans elle, il faut que, avant de nous apprendre quel usage nous devons faire de cette faculté, elle en démontre l'existence et en détermine la nature. Mais il ne suffit pas, pour les comprendre, de considérer en elles-mêmes la liberté et la loi supérieure que la raison lui impose, il faut savoir les distinguer de tout autre principe et de tout autre mobile d'activité; il faut discerner le rôle et le rang qui leur appartiennent dans le développement général de l'âme humaine. De là la nécessité de diviser la morale en deux parties; l'une, qui nous apprend quel est l'instrument et quel est le principe de la morale, c'est-à-dire quelles sont les conditions sans lesquelles elle ne saurait exister; l'autre, composée des règles et des préceptes, des obligations et des défenses auxquelles nous avons à conformer nos actions. La première, purement théorique, contient nécessairement une analyse de l'âme humaine, une étude de nos facultés faite au point de vue particulier de notre destinée et de notre fin. Aussi la désignons-nous sous le nom de *psychologie morale*. La seconde, essentiellement pratique, puisqu'elle se renferme tout entière dans l'exposition de nos devoirs, nous représente la *morale proprement dite*, la morale entendue dans le sens restreint où on la prend très-souvent.

Au lieu de ces deux expressions : la psychologie morale, la morale proprement dite, on emploie habituellement celles de morale générale et de morale particulière. Mais la première de ces dénominations manque de clarté, car elle ne fait pas connaître le véritable objet de la branche de la morale à laquelle elle s'applique. La seconde manque de justesse. Il n'y a pas de morale particulière ; c'est l'essence même de la morale de s'adresser indistinctement à tous les hommes et de n'admettre ni exception, ni dispense. Chacun des devoirs qu'elle nous prescrit est absolu et universel.

MORALE POUR TOUS

PREMIÈRE PARTIE

PSYCHOLOGIE MORALE

I

Coup d'œil sur la nature humaine en général. — L'âme et le corps. — Phénomènes physiologiques et phénomènes psychologiques. — Phénomènes mixtes. — Sensibilité, intelligence, activité. — Activité aveugle et spontanée. — Activité volontaire et réfléchie. — Liberté.

Dès que l'homme commence à réfléchir, son attention se porte invinciblement sur lui-même, et il ne tarde pas à s'apercevoir qu'il est formé par l'union intime de deux natures, ou, comme on dit plus généralement, de deux substances très-différentes : l'âme et le corps. Le corps a ce triple caractère d'être perçu par les sens, d'être multiple et divisible, de changer avec les années et de se renouveler périodiquement dans toutes ses parties. Il est perçu par les sens, car il est visible, palpable, étendu, pesant; il a couleur et figure et se déplace par le mouvement. Il est multiple et divisible, car il se compose de plusieurs organes distincts, faciles à discerner les uns des autres, tant par leurs formes que par leurs fonctions, et chacun de ces organes renferme un nombre indéfini d'éléments et de parties. Enfin, indépendamment des changements visibles et sensibles que lui apportent l'âge, les infirmités, les maladies, il est prouvé que, par la nutrition et les diverses sécrétions auxquelles il est soumis, sa substance est renouvelée intégralement à chaque période de sept à dix ans. L'âme nous offre des caractères absolument opposés. Aucun de nos sens extérieurs ne peut l'atteindre. C'est par un sens intérieur et invisible, par un sens spirituel appelé du nom de conscience, que nous l'apercevons ou qu'elle s'aperçoit avec une certitude au moins égale à celle du témoignage de nos yeux, de nos oreilles ou de nos mains. En effet, qui est-ce qui peut douter de sa propre existence, de l'existence de son *moi*? Or, le moi n'est pas autre chose que l'âme se connaissant elle-même par la conscience et parlant d'elle-même à d'autres âmes. L'âme est absolument une et indivisible. Il n'y a qu'un moi dans chacun de nous, et la supposition qui nous paraîtrait la plus incompréhensible est que ce moi pût être partagé, ou que chacun de nous fût à la fois une seule personne et plusieurs. Tandis que chaque organe du corps n'est propre qu'à une seule fonction, le poumon à la respiration, le foie à la sécrétion de la bile, les artères et les veines à la circulation du sang, le moi est tout entier dans chacune de ses opérations. Il n'y a pas en moi une partie qui raisonne, une autre qui juge, une troisième qui veut, une quatrième qui admire ou qui aime; c'est avec toute mon âme, avec toute ma personne que j'accomplis ces différents actes; d'où il résulte que l'unité est un attribut essentiel, un des caractères distinctifs de l'âme. Maintenant, peut-on dire que l'âme se renouvelle comme la matière dont nos organes sont faits ? Non, car nous nous souvenons du passé le plus éloigné, ce qui serait impossible si nous ne restions les mêmes. Quelle que puisse être la durée de notre existence, nous sommes sûrs que notre moi d'aujourd'hui est celui de nos premières années, et, selon la règle de conduite que nous avons suivie, nous nous repentons ou nous applaudissons des actes dont nous nous reconnaissons les auteurs.

Les deux natures dont l'homme nous présente pendant son existence actuelle l'étroite combinaison se manifestent par deux ordres de phénomènes, non-seulement distincts, mais absolument dissemblables. Nous percevons directement par la conscience toute seule, et sans aucune intervention de nos sens, tous les faits dont notre moi est le sujet ou la cause, comme la joie, la tristesse, l'amour, la haine, le doute, la connaissance, la réflexion, la délibération, le jugement, les actes de volonté. C'est le caractère essentiel et indestructible de ces faits de ne pouvoir se produire sans que nous en ayons immédiatement connaissance, et de se dérober à l'action des organes par lesquels nous sommes informés de l'existence et des qualités du monde extérieur. Jouir, souffrir, aimer, haïr, douter, connaître, vouloir, c'est savoir que l'on jouit ou qu'on souffre, qu'on aime ou qu'on hait, qu'on doute, que l'on connaît, ou qu'on veut. Et comment le sait-on ? Ce n'est ni par les yeux, ni par les oreilles, ni par le tact, ni par aucun autre organe de cette espèce, mais par le sens intime ou par la conscience. Il en est tout autrement des fonctions et des mouvements qui, s'accomplissant sans la participation de la volonté et de l'intelligence, appartiennent uniquement à notre existence matérielle, c'est-à-dire au corps organisé et vivant. Ceux-là, ce n'est point par la conscience qu'il nous est donné de les découvrir, et nous ne les saisissons pas directement même par les sens : il nous a fallu pour les connaître une longue suite d'observations délicates, et de laborieuses expériences. Que de générations ont passé sur la terre avant que l'on soupçonnât la circulation du sang, l'action de nos poumons sur l'air qu'ils ont absorbé, les transformations successives des aliments qui renouvellent la substance de notre corps, le rôle du système nerveux dans le mouvement général de la vie! Cela n'a pas empêché la circulation, la respiration, la nutrition, l'innervation, de se produire d'une manière aussi constante et aussi régulière que de nos jours. Tous les phénomènes de cette classe se passant en dehors de l'âme, même quand ils agissent indirectement sur elle, et ne pouvant être compris que dans la science de la nature, ont reçu le nom de phénomènes *physiologiques* (1). Les premiers, qui paraissent au contraire rester comme étrangers à la nature et se renfermer entièrement dans l'âme ou le moi, ont été appelés des phénomènes *psychologiques* (2).

Cependant tous les faits dont se compose notre existence ne sauraient trouver place dans ces deux catégories extrêmes. Il y a des modifications du corps, les unes accidentelles, les autres périodiques et régulières, comme les phénomènes physiologiques, qui ne restent pas ignorées de la conscience. Par exemple, que les tissus vivants, qui forment notre enveloppe, éprouvent subitement quelque lésion, ou qu'ils soient mis en contact avec un agent extérieur, ou qu'après une abstinence prolongée ils aient besoin de réparer leur séve appauvrie, aussitôt nous en sommes avertis par une sensation particulière, c'est-à-dire par une façon d'être dont nous avons nécessairement une conscience plus ou moins distincte, puisqu'il est im-

---

(1) De deux mots grecs, φύσεως λόγος, qui signifient discours sur la nature.

(2) De ψυχῆς, âme, et λόγος, discours, discours sur l'âme ou science de l'âme.

possible de sentir sans savoir que l'on sent. Il y a aussi des fonctions et des mouvements de l'organisme qui, bien que physiquement nécessaires, ne peuvent cependant pas s'accomplir sans l'intervention d'une force supérieure aux organes. Ainsi, boire, manger, sont sans doute des actes matériels dont la nature, en les rendant indispensables à notre conservation, a fixé et dirigé elle-même le mécanisme, mais qui exigent l'impulsion de la volonté ou de l'instinct. Quand l'enfant à peine né presse de ses lèvres le sein de sa nourrice, il n'obéit pas simplement aux lois de la mécanique ou de la physiologie, il cède à une puissance mystérieuse qui est en lui et qui le conduit à son insu. Il en est de même des mouvements que nous exécutons spontanément pour reprendre notre équilibre quand nous sommes en danger de le perdre, ou pour soustraire nos yeux et notre tête au coup qui les menace.

Il y a donc lieu de reconnaître dans la nature de l'homme une troisième classe de phénomènes qui tient en quelque sorte le milieu entre les deux que nous avons déjà constatées, et qui, tout en participant dans une certaine mesure à leur double caractère, ne doit pas plus se confondre avec les phénomènes physiologiques qu'avec les phénomènes psychologiques. Ce sont tous les faits mixtes, sensations, appétits, actes instinctifs, qui nous représentent par leur réunion ce qu'on appelle d'habitude la vie animale.

Les fonctions purement physiologiques étant hors de notre pouvoir, comme elles sont hors de notre conscience, nous n'avons pas, dans l'intérêt de la morale, à nous en occuper davantage. La vie animale, dans les limites où elle est susceptible d'être gouvernée, où elle accepte une règle et une discipline, est placée sous la dépendance des faits psychologiques. C'est donc uniquement sur ces derniers que doit se fixer notre attention. S'il y a une loi qui commande également à tous les hommes, sans distinction de temps, d'origine, de pays, il faut qu'elle soit écrite dans la conscience, il faut que notre âme puisse la lire en elle-même dès qu'elle vient à réfléchir sur sa nature et sa destinée.

Tous les phénomènes qui se passent en nous, et dont la conscience seule nous atteste l'existence, peuvent se ramener à trois : sentir, penser, vouloir ; ce qui revient à dire que nous avons trois facultés principales : la sensibilité, l'intelligence, la volonté. Une faculté, en effet, n'est pas autre chose qu'un pouvoir, une puissance, la puissance de faire, le pouvoir d'éprouver certaines choses. Par conséquent, elle ne peut être mieux établie que par le fait lui-même.

A la sensibilité appartiennent le plaisir, la douleur, le désir, la joie, la tristesse, l'amour, la haine, la pitié, la frayeur, en un mot, nos sensations et nos sentiments. Les premières, comme nous venons de le dire, dépendent des organes ; mais les seconds, à mesure qu'ils s'élèvent, ont pour résultat de nous détacher du corps et de tous les êtres périssables. Au-dessus des passions égoïstes, nous rencontrons d'abord l'amour désintéressé de nos semblables, et au-dessus de l'amour de nos semblables, l'amour de la vérité, celui du beau, du bien et du juste, l'amour divin, qui a enflammé tant de belles âmes depuis Platon jusqu'à sainte Thérèse.

Sous le nom de l'intelligence ou de la pensée, on comprend à la fois les diverses facultés auxquelles nous devons nos idées et nos connaissances, et les opérations par lesquelles nous les mettons, pour ainsi dire, en valeur et leur faisons rendre tout ce qu'elles contiennent, car notre esprit, comme notre corps, est soumis à la sainte loi du travail.

Nos facultés intellectuelles, du moins celles qu'on distingue le plus facilement les unes des autres, sont : la perception des sens, ou simplement la perception par laquelle nous connaissons le monde extérieur, c'est-à-dire les corps et leurs diverses propriétés; la conscience, ou le sens intime, qui nous instruit de notre propre existence et de tout ce qui se passe en nous; la raison, qui nous enseigne les vérités éternelles, les rapports nécessaires des choses, les conditions absolues de toute existence ; la mémoire, qui, sans rien ajouter aux connaissances que nous possédons, a le don précieux de les conserver; l'imagination, qui crée dans notre esprit des images dépourvues de réalité ou peint avec de vives couleurs des objets véritables, mais éloignés ou disparus. Quant à la conscience morale, qu'il faut bien distinguer du sens intime, ce n'est que la raison en tant qu'elle s'applique à l'ordre moral et qu'elle nous éclaire sur nos devoirs dans les différentes circonstances de la vie.

Les opérations de la pensée que nous produisons nous-mêmes et qui nous servent à développer et à coordonner nos connaissances naturelles sont en assez grand nombre, si toutefois il est possible de les ramener à un nombre invariable. Nous nous contenterons de citer l'attention, la réflexion, la comparaison, le jugement, l'abstraction, la généralisation, la classification, l'analyse, la synthèse, le raisonnement.

Toutes ces opérations se résument dans une seule : le travail que l'esprit, par la puissance qui lui appartient et dont il dispose à son gré, accomplit sur lui-même. L'âme n'est donc pas seulement sensible et intelligente, elle **est active**. Mais son activité ne se renferme pas dans le domaine de la pensée ; elle se manifeste aussi par l'empire qu'elle exerce sur nos organes et sur nos mouvements. Alors elle prend le nom de volonté.

La volonté doit être distinguée avec soin de l'instinct. Tandis que l'instinct agit à la manière d'une force aveugle, étrangère en quelque sorte à notre âme, puisqu'elle s'exerce à notre insu, ignorante à la fois des lois qui la dirigent, du but qu'elle poursuit et des moyens qu'elle emploie, la volonté a un caractère essentiellement personnel, et on a été, non sans raison, jusqu'à dire qu'elle est la personnalité même. Vouloir, en effet, ce n'est pas seulement avoir conscience de la détermination qu'on a prise ou de l'action à laquelle on s'est décidé, c'est reconnaître, avec une entière certitude, qu'on en est l'auteur, et qu'on aurait pu, quel qu'en soit le motif, s'arrêter à une résolution différente. En un mot, la volonté n'existe pas si elle n'est pas libre ; elle se confond avec la liberté, et la liberté, c'est le privilége que nous avons d'être les maîtres de nos actions, c'est le pouvoir qui nous a été accordé par l'auteur de notre existence d'user comme il nous plaît, soit des facultés de notre esprit, soit des forces de notre corps, de les diriger vers un but ou vers un autre, au mépris même des instincts les plus puissants de notre nature, sans nous laisser arrêter par la douleur ni par la mort.

Sans la liberté, la morale n'existe pas, car, comment prescrire des devoirs à un être qui n'est pas l'auteur et par conséquent qui n'est pas responsable de ses actions ? Sans la liberté, le bien et le mal, la justice et l'iniquité, la vertu et le crime, ne sont que des mots vides de sens : on n'est ni bon ni méchant, ni juste ni injuste, ni criminel ni vertueux, quand on fait ce qu'il est impossible de ne pas faire, quand on obéit à une loi ou à une force irrésistible. Cela seul suffirait à prouver que l'homme est libre, puisque, malgré lui, l'homme fait ces distinctions et règle sur elles ses actions, ses jugements et son langage. Mais la liberté n'a pas besoin de preuves, parce qu'elle n'est pas susceptible d'être sérieusement révoquée en doute. Nous sommes aussi sûrs de notre liberté que de notre existence, car elles nous sont attestées l'une et l'autre de la même manière; nous les affirmons sur la foi de notre conscience. Aussi, malgré quelques contradicteurs isolés, qui eux-mêmes, en toute circonstance, se conduisent exactement comme s'ils se croyaient libres, la liberté a-t-elle toujours été expressément reconnue dans les actes et dans les croyances du genre humain. Les lois, les tribunaux, les assemblées délibérantes, les supplications, les conseils, les menaces, les exhortations morales et religieuses, le dogme universellement accepté de l'immortalité de l'âme sont autant de façons différentes d'exprimer cette conviction, car on ne commande qu'à celui qui peut obéir, on ne condamne et on n'absout que celui que l'on tient pour coupable ou innocent, on ne conseille et on ne prie que celui qui peut écouter nos conseils et nos prières, on ne conçoit de récompense et de châtiment, distribués sur la terre ou réservés dans le ciel, que pour celui qui les a mérités en faisant le bien ou le mal, et par conséquent qui a librement choisi entre les deux. On cite, il est vrai, des peuples entiers, par exemple les Grecs de l'antiquité et les Turcs de nos jours, qui ont professé le fatalisme. Mais en accueillant le fatalisme dans leur poésie et dans leur religion, ces deux nations ne lui ont jamais abandonné leur législation et leur morale. Les Grecs pleuraient dans leurs théâtres sur les malheurs d'Œdipe, poursuivi par la haine du destin et innocent malgré ses crimes; mais leurs lois punissaient sévèrement l'inceste et le parricide. Un gouvernement musulman restera sans défense devant l'invasion de la peste, persuadé que nos jours sont comptés et qu'il n'y a aucun acte de prévoyance qui puisse en changer le terme; mais il se gardera d'absoudre le pillage, le meurtre, la rébellion et de leur livrer la société, sous prétexte que nos actions, comme nos destinées, sont écrites d'avance dans le ciel.

II

On n'agit pas librement sans avoir un but ou un motif. — Des différents motifs de nos actions : le plaisir, la passion, l'intérêt, le devoir ou le bien. — Comment nous apercevons la distinction du bien et du mal; quels sont les idées et les sentiments qui se produisent dans notre âme en présence d'une bonne ou d'une mauvaise action. — Ces idées et ces sentiments se développent dans l'individu par l'éducation, dans la société et dans chaque peuple par la civilisation.

L'homme est libre, c'est un fait qui résiste à tous les raisonnements possibles et brille de la même clarté, quoique ce soit d'une clarté tout intérieure, que ceux qui frappent nos sens. Mais la liberté, telle qu'elle existe en nous, n'est pas cette chimère imaginée par quelques philosophes sous le nom de liberté d'indifférence. Sans le sentiment qui nous excite et nous anime, sans la raison qui nous éclaire, en un mot sans un but, sans un motif, il nous est impossible d'agir; autrement, nous descendrions au-dessous même des forces aveugles de la nature, car la nature obéit à des lois, et nous en serions totalement privés avec la liberté d'indifférence, qui n'est pas autre chose au fond que la volonté d'un insensé. Comment comprendre, d'ailleurs, que la sensibilité et l'intelligence fassent partie de nous-mêmes au même titre que la volonté, sans exercer sur elle aucune influence, sans lui prêter l'une ses inclinations et l'autre ses lumières, sans fournir des motifs à nos actions?

Ces motifs sont nécessairement de plusieurs espèces, puisqu'ils émanent de deux facultés différentes. On peut les réduire à quatre : le plaisir, la passion, l'intérêt, le devoir ou le bien.

Par le plaisir, on entend habituellement ce qui flatte nos sens. Or, nos sens peuvent être flattés de deux manières : par la satisfaction d'un besoin réel qui représente une des conditions de notre conservation, comme la faim, la soif, le repos après la fatigue; et par le contentement d'un désir plus ou moins factice que nous avons créé en quelque sorte, et que nous prenons soin d'entretenir. Ce n'est point dans le premier cas, mais dans le second, que le plaisir devient un des motifs de nos actions. Dans le premier cas, nous obéissons aux sages lois de la nature; dans le second, nous nous sommes plu au contraire à les renverser pour leur substituer nos fantaisies. Outre le plaisir proprement dit, on distingue les plaisirs de l'esprit, les plaisirs du cœur, les plaisirs de l'imagination; mais ceux-ci, suffisamment distingués du premier par leurs qualifications, sont ordinairement la récompense d'un devoir accompli ou d'une culture de l'âme noblement acquise par le travail.

La passion est un motif d'action plus puissant que le plaisir et d'une autre nature. Lorsqu'au lieu de lui résister, comme elle en a le pouvoir, notre âme s'abandonne à l'un de ces mouvements impétueux qui s'appellent l'amour, la haine, l'envie, l'orgueil, l'ambition, la vengeance, on ne peut pas dire que ce soit le plaisir qu'elle recherche. Chacune de nos passions a son objet propre qu'elle s'efforce d'atteindre à tout prix, même au prix des plus cruelles souffrances, et quelquefois de la mort. Un amant véritablement épris n'hésitera pas à donner sa vie pour l'objet aimé, et, chose plus étonnante, un ennemi acharné sacrifiera la sienne pour satisfaire sa haine. L'ambitieux, pour arriver au pouvoir ou pour s'y maintenir, supportera toutes les privations, s'imposera toutes les contraintes et ne reculera devant aucun danger.

L'intérêt diffère à la fois des deux motifs précédents. Il diffère du plaisir comme l'utile diffère de l'agréable. L'utile, c'est ce qui dure, ce qui contribue en tout temps à notre bien-être, tandis que l'agréable n'est que la sensation d'un instant. Aussi le plaisir et l'intérêt sont-ils rarement d'accord entre eux, et il n'est guère possible de poursuivre l'un sans être obligé d'abandonner l'autre. Par exemple, si nous voulons conquérir l'aisance et la sécurité dans l'avenir, il faut que nous sachions résister aux tentations du présent. L'intérêt ne se sépare pas moins de la passion, puisque le premier est toujours réfléchi, toujours guidé par le calcul, et que la seconde, dans son emportement, est incapable d'écouter autre chose qu'elle-même. Quand par hasard il lui arrive de méditer et de combiner, c'est pour éclater plus tard avec plus de violence.

Mais un être véritablement libre est déterminé à agir par un quatrième motif devant lequel tous les autres s'effacent, ou auquel du moins ils sont tous subordonnés : c'est le devoir ou le bien, c'est-à-dire la loi que la raison nous prescrit comme la seule digne de nous, la seule à laquelle il n'est permis à personne de faillir, sous peine de démérite et de déchéance, la seule qui n'admette ni transaction, ni condition, et qui ne tienne compte ni des temps, ni des lieux, ni des circonstances.

La notion du bien, par conséquent le discernement du bien d'avec le mal, est un fait primitif de la nature humaine, qui ne vient ni de l'éducation, ni de la législation, mais que l'éducation développe et que la législation consacre publiquement dans l'intérêt de l'ordre social. Dès que nous avons conscience de nous-mêmes ou que nous nous apercevons que nous sommes des êtres libres et intelligents, nous savons en même temps qu'il y a une règle d'après laquelle nous devons agir pour rester dignes de notre liberté et de notre intelligence. Seulement il faut remarquer que cette règle ne se montre pas tout d'abord dans son unité et son universalité, avec ce caractère abstrait qui ne la rend accessible qu'à la pensée. C'est à l'occasion ou en présence d'un des faits particuliers sur lesquels s'étend son autorité, c'est dans l'instant même où nous la voyons accomplie ou violée par un acte de la volonté humaine, que la loi du devoir nous apparaît tout à coup comme une révélation intérieure, qui s'adresse à la fois à notre sensibilité et à notre raison, qui donne l'impulsion à notre cœur en même temps qu'elle éclaire notre esprit.

Voici, en effet, ce qui se passe dans notre âme quand nous sommes témoins d'une action librement exécutée et qui intéresse à un degré quelconque notre conscience, c'est-à-dire le principe de la morale. Cette action, d'abord nous l'approuvons ou la désapprouvons, ou, ce qui est la même chose, nous la jugeons bonne ou mauvaise, et *nous éprouvons*, dans le premier cas, un sentiment de satisfaction, dans le second, un sentiment de peine, comme si nous avions personnellement à nous en féliciter ou à nous en plaindre. Passant ensuite de l'action à l'auteur, il devient pour nous le sujet d'un autre jugement et d'un autre sentiment étroitement liés avec les premiers. Nous pensons qu'il a mérité ou démérité, qu'il est digne de récompense ou de châtiment, d'être heureux ou malheureux, en raison et par les effets de sa conduite, et, en même temps que nous portons sur lui ce jugement, il nous inspire, selon le degré de vertu ou de perversité dont il a fait preuve, un sentiment d'estime ou de mépris, d'admiration ou d'horreur.

Les actions dont nous lisons ou écoutons le récit produisent les mêmes effets que celles qui se passent en notre présence. Quant à celles que nous accomplissons nous-mêmes, elles nous présentent quelque chose de plus et qui nous pénètre davantage. Ce qu'elles contiennent de plus, c'est le jugement qui les précède et le désir ou la lutte qui accompagnent ce jugement. Il n'est pas nécessaire que notre volonté se soit traduite en fait pour que nous sachions quelle est la qualification qui lui convient. Notre intention seule excite déjà notre approbation ou notre blâme, et si malgré ce blâme nous passons à l'exécution, c'est que, après un combat insuffisant entre le désir naturel que le bien nous inspire et la passion qui nous pousse au mal, nous avons cédé volontairement à la dernière. Voilà ce que la conscience appliquée à nos propres actions est seule capable de nous apprendre. Elle donne aussi au sentiment moral un caractère plus énergique et plus profond, en substituant au mépris et à l'estime le remords et la satisfaction de conscience. D'ailleurs, le mépris et l'estime se reportent également sur nous-mêmes, et c'est dans ce cas qu'ils attestent le mieux l'existence du devoir.

Cependant, dans l'analyse que nous venons de faire, on ne rencontre encore que des faits et rien qui ressemble à un principe. Les sentiments que nous éprouvons pour nous-mêmes et pour les autres, l'estime, le mépris, la satisfaction de conscience et le remords, les jugements que nous portons sur les personnes et sur les actes ; autant de faits particuliers, autant de phénomènes intéressants à observer, mais qui pourraient bien, si l'on s'arrêtait là, être considérés comme le partage de quelques âmes privilégiées. Où donc est cette loi inviolable qui s'impose également à tous avec une irrésistible autorité, et dont la connaissance plus ou moins claire existe naturellement chez tous ?

La loi morale se dégage comme d'elle-même, dans tout son éclat, des différents actes d'intelligence et des divers états de l'âme que nous avons énumérés, car il n'y en a pas un seul qui ne la suppose et qui ne reporte la pensée vers elle. Comment concevoir, en effet, qu'un acte qui nous est étranger nous paraisse bon ou mauvais, ou qu'un homme avec lequel nous n'avons aucun rapport soit estimé ou méprisé de nous, s'il n'y a pas dans notre esprit, au même instant, une idée du bien et du mal, une règle d'après laquelle nous devons mesurer à nos semblables notre estime et notre mépris, une loi à laquelle tous sont obligés de conformer leur vie sous peine d'être vils et haïssables tout à la fois dans leurs personnes et dans leurs œuvres ?

L'idée du bien et du mal est toujours accompagnée de ce qu'on appelle le principe du mérite et du démérite, c'est-à-dire de la croyance que la loi morale réclame impérieusement une sanction. Cette croyance, non moins naturelle ni moins inébranlable que celle qui nous assure de l'existence du devoir, se manifeste en nous de la même manière, à l'occasion d'un jugement particulier. Nous pensons d'abord que tel de nos semblables dont nous approuvons ou blâmons la conduite mérite une récompense ou un châtiment, puis aussitôt nous apercevons une relation générale, nécessaire, entre le bonheur et la vertu, entre la souffrance et le crime, et l'on nous étonnerait beaucoup si l'on venait nous dire que nous nous trompons et que l'harmonie qui règne dans toute la nature est absente de l'ordre moral.

Ces principes, ces idées, ces sentiments existent en germe chez tous les hommes, car ils forment dans leur ensemble un des caractères les plus essentiels de la nature humaine, et il n'est en notre pouvoir ni de les créer ni de les détruire complétement. Mais il n'est pas rare qu'ils soient obscurcis et comme refoulés dans les profondeurs de notre âme par les passions brutales, par l'ivresse des sens, par les angoisses de la faim, ou par le sommeil de la raison. C'est ce qui a fait croire à quelques esprits systématiques ou superficiels qu'ils étaient le fruit de l'éducation. L'éducation, sans contredit, est nécessaire pour les appeler à la lumière de la conscience et les faire passer par la force de l'habitude de la conscience dans les actions. Mais l'éducation ne peut pas changer la nature de l'homme; elle ne peut que la développer et la féconder. Elle tire de nous-mêmes les sentiments et les idées sur lesquels elle exerce son influence et qu'elle amène à leur perfection, comme l'agriculture tire de la terre les semences qu'elle fait monter en épis.

La civilisation est pour les peuples et les races ce que l'éducation est pour l'individu. La civilisation, c'est la fécondation de l'intelligence et de toutes les facultés humaines par l'expérience et le travail d'une longue suite de générations. La conscience morale prend sa part de cette œuvre commune. A mesure que les peuples s'éloignent de la rudesse de leur enfance, à mesure que l'industrie diminue leur misère, que l'art les rend sensibles à sa magie, que la poésie leur ouvre la sphère de l'idéal, que la religion leur apprend à lever les yeux vers le ciel, on les voit devenir plus humains et plus justes, ils se font une idée plus élevée de l'homme et le respectent davantage.

III

L'idée du bien, fondement de la morale. — Rapports qui existent entre l'idée du bien et l'idée du devoir. — Son caractère absolu et universel. — Montrer par des exemples comment les hommes appliquent l'idée du bien aux différentes actions de la vie.

Des deux idées qui sont la règle suprême de nos sentiments moraux et que supposent tous nos jugements soit sur les hommes, soit sur les actions humaines, l'idée du bien et l'idée du mérite, la première est de beaucoup la plus importante et celle à laquelle convient le mieux le nom d'idée fondamentale, car, sans le bien, il nous est impossible de concevoir le mérite, tandis que le mérite rentre nécessairement dans l'idée générale du bien. Croire que celui qui a fait son devoir et plus encore est digne d'une récompense, que celui qui l'a violé appelle sur lui un châtiment, ce n'est pas un principe absolument à part, ce n'est que l'idée de la justice distributive, c'est-à-dire une des applications de la justice. Or, comment séparer le bien du juste, et ne pas considérer comme une des premières conditions de tous les deux à la fois l'harmonie de la vertu et du bonheur? L'idée du bien est donc le fondement véritable, le fondement unique de la morale; c'est elle qui en supporte, pour ainsi dire, tout le poids, qui est la source d'où découlent tous nos devoirs. Cela est si vrai, que les actions les plus louables et les plus belles, quand elles sont accomplies par le désir seul de mériter une récompense sur cette terre ou dans une autre vie, rentrent par là même dans la classe des actions intéressées qui ont pour mobile, non le devoir, mais le calcul.

Le devoir est nécessairement compris dans le bien, mais le bien n'est pas tout entier compris dans le devoir. Celui-ci est moins étendu que celui-là, et les rapports qui existent entre eux peuvent être représentés sous la figure de deux sphères concentriques qui, ayant le même centre, diffèrent par leurs circonférences. Qu'est-ce, en effet, que le devoir? C'est cette loi écrite en nous-mêmes à laquelle un être libre, un être raisonnable ne peut faillir sans se rendre indigne de la raison et de la liberté, par conséquent sans déchoir du rang qui lui est assigné par sa nature, sans encourir son propre mépris et celui de ses semblables. Cela revient à dire que le devoir s'impose à nous absolument, et que celui qui le viole avec intention, se plaçant en dehors ou plutôt au-dessous de l'humanité et de la société, donne à la société et à l'humanité le droit de le répudier, de le rejeter de leur sein. Il est hors de doute que ce que la raison nous commande avec ce caractère d'impérieuse obligation est essentiellement bon. Mais tout ce qui est bon, tout ce qui est conforme aux lois de la raison, tout ce qu'admire et applaudit la conscience morale, est-il obligatoire, et par conséquent doit-il être compté au nombre de nos devoirs? Nul n'oserait le prétendre. Ce n'était pas un devoir pour saint Vincent de Paul d'ouvrir un asile à tous les orphelins abandonnés. Ce n'était pas un devoir pour lord Byron de voler au secours de la Grèce opprimée et de sacrifier, à la délivrance d'un pays qui n'était pas le sien, toutes les splendeurs de sa vie et sa vie elle-même. Ce n'est pas le devoir qui a persuadé à tant d'hommes courageux d'aller braver, dans des climats éloignés, la fureur de la fièvre et de la peste, afin de rapporter dans leur patrie les moyens de la préserver de ces fléaux. Dira-t-on qu'il y a deux espèces de devoirs, les uns qui obligent et d'autres qui n'obligent pas? C'est exactement comme si l'on soutenait qu'il y a des devoirs qui ne sont pas des devoirs. D'ailleurs, si les actions de la nature de celles qui viennent d'être citées étaient rigoureusement exigées de tous les hommes, il n'y aurait pas de milieu entre la perversité et les plus sublimes vertus. Celles-ci n'étant plus pour ainsi dire que l'acquittement d'une dette, perdraient leurs droits au respect et à l'admiration du genre humain; car, si l'on estime un débiteur fidèle à ses engagements, on s'abstient de lui dresser des statues et des autels.

Qu'est-ce donc que le bien, s'il ne se confond pas exactement avec le devoir et si, n'étant pas exigé comme lui, nous le considérons cependant comme la règle suprême de notre vie? Le devoir, c'est la limite au-dessous de laquelle il ne nous est pas permis de descendre, sans perdre, dans l'ordre moral, notre qualité d'homme. Le bien, c'est le but le plus élevé que puissent se proposer les efforts réunis de toutes nos facultés; c'est l'ordre éternel, l'ordre suprême, auquel, par les attributs distinctifs de notre nature, nous sommes appelés à concourir dans la mesure de notre intelligence et de nos forces; c'est plus qu'une simple loi de notre existence ou une perfection relative, c'est la perfection même, vers laquelle nous portent à la fois la raison et le sentiment, la réflexion et des instincts sublimes, et dont il est en notre pouvoir d'approcher de plus en plus sans l'atteindre jamais.

Le bien, sous la seule forme ou dans les limites circonscrites du devoir, nous offre ce caractère, qu'étant la loi obligatoire, inviolable, non-seulement de tous les hommes, mais de tous les êtres intelligents et libres, il n'admet aucune exception, ni suspension, ni dispense en faveur de qui que ce soit : par conséquent, il peut être conçu comme une loi universelle ; son universalité se confond avec son existence même. Voici, par exemple, un précepte qui est accepté sans contestation comme fondement de la justice : « Ne fais point aux autres ce que tu ne veux point qu'ils te fassent. » Supposez que ce précepte ne s'applique pas indistinctement à tous les membres de la famille humaine, aux grands comme aux petits, aux peuples comme aux individus, aussitôt il perd sa valeur morale, il est dépouillé de sa nature immortelle et divine pour descendre au rang d'une pure convention ou d'une loi imposée par la force. Universel, le devoir est par là même absolu, c'est-à-dire qu'il ne souffre pas plus de conditions que d'exceptions, qu'il ne transige avec aucune autre loi et ne reconnaît d'autre exigence que celle qui est en lui : tout le reste doit lui être subordonné. S'il n'en était pas ainsi, il ne serait plus la loi suprême, la première loi que la raison impose à un être raisonnable. C'est pour exprimer cette idée qu'un illustre philosophe, Emmanuel Kant, a donné au devoir le nom significatif d'*impératif catégorique*.

Le bien, considéré dans son unité, nous offre nécessairement les mêmes caractères. Il est universel, puisqu'en lui sont implicitement renfermés tous les biens particuliers, et que tout ce qui n'est qu'une usurpation de son nom, une ombre de sa puissance, doit disparaître devant lui. Il est absolu, puisqu'il est ce que notre esprit peut concevoir de plus élevé, et que tout lui étant subordonné, il n'est lui-même subordonné à rien; supérieur à toute cause de modification et de changement, il représente l'ordre éternel et immuable.

Il résulte de là qu'il n'y pas une seule de nos actions, pourvu qu'elle tombe sous l'empire de la liberté, qui ne puisse être soumise à son contrôle et ne rentre directement ou indirectement dans la sphère de la morale. Ainsi, la nature nous a donné des appétits et des besoins qui nous invitent avec une extrême énergie à remplir les conditions de notre conservation physique. Mais ces appétits, ces besoins, irrésistibles dans la bête, sont subordonnés chez l'homme aux lois de la conscience et de la raison. Par exemple, nous devons refuser de satisfaire notre faim et notre soif aux dépens du bien d'autrui, et, à prendre dans leur ensemble tous les actes du même ordre, il est en notre pouvoir en les accomplissant de ne pas céder seulement à la voix de l'instinct, mais d'obéir au devoir, celui qui nous ordonne de nous conserver afin de remplir ici-bas notre tâche. Un amour naturel du bien-être nous pousse à nous faire un patrimoine, à nous créer un capital, à réunir des ressources contre les besoins de l'avenir; à ce désir égoïste, nous aurons substitué un sentiment moral, si, par les mêmes moyens, nous nous proposons d'assurer notre indépendance, de mettre notre dignité à l'abri des tentations de la misère. Il y a dans notre cœur des affections innées, habituellement appelées la voix du sang, qui unissent en un faisceau les parents et les enfants, et sont un des liens les plus puissants de la famille. Mais ces sentiments, en particulier l'amour maternel, se changent quelquefois, quand ils sont abandonnés à eux-mêmes, en une passion aveugle, déraisonnable, fatale à ceux qui l'inspirent. Il est donc indispensable qu'elles soient éclairées par la lumière de la conscience et dominées par l'idée du devoir. Si de l'enceinte de la famille nous passons dans celle de la société civile, nous trouverons des lois qui, malgré toute la justice et la sagesse qu'elles respirent, ne réussissent à se faire respecter que par la force ou par la menace de leurs dispositions pénales. L'homme de bien leur obéit par un autre motif : il se dit que le respect des lois, étant la condition de l'ordre social, hors duquel l'humanité ne peut subsister, doit être compté au nombre de nos devoirs les plus sacrés. C'est ainsi que l'idée du devoir, que l'idée du bien, que la loi morale, en un mot, nous accompagne dans toutes les circonstances de notre vie et embrasse toutes les sphères de notre existence.

IV

En quoi l'idée du bien diffère des notions de l'utile et de l'agréable, et des autres mobiles avec lesquels on l'a trop souvent confondue.

Montrer que l'idée du bien est universelle et absolue, et qu'on ne peut lui refuser ce double caractère sans la rejeter arbitrairement hors de notre esprit où elle tient une si grande place, c'est avoir prouvé que le bien se sépare par de radicales différences de tous les autres mobiles ou motifs de nos actions : du plaisir ou de l'agréable, de l'intérêt ou de l'utile, de la passion et même des affections désintéressées que nous éprouvons pour nos semblables.

Le plaisir est une sensation essentiellement variable et fugitive ; il ne dure qu'un instant ; il n'est pas le même pour tous les hommes, et, dans le même homme, il se modifie, il change avec les circonstances et avec les années. Comment un tel fait pourrait-il se comparer à l'ordre éternel et immuable qui représente l'idée du bien? Ce n'est pas seulement une différence qu'on remarque entre cette sensation et cette idée, elles sont en complète opposition l'une avec l'autre.

    L'intérêt, quoique plus durable que le plaisir, l'utile, quoique plus près de la raison que l'agréable, ne peut cependant pas être considéré comme une règle constante et générale, et encore moins comme une règle obligatoire de notre vie. Nos intérêts changent avec notre condition, notre fortune, notre rang, les rapports que nous avons avec nos semblables, la profession que nous avons choisie et bien d'autres circonstances difficiles à énumérer. Contentons-nous d'emprunter quelques exemples à la diversité des professions. Evidemment, celui qui s'est voué à la carrière des armes ne peut espérer un avancement rapide qu'en temps de guerre. La guerre est, au contraire, le fléau et le désespoir des métiers pacifiques. Le médecin désire trouver des malades, l'avocat des plaideurs; celui qui n'est ni l'un ni l'autre estime au-dessus de tout la santé et le bonheur de n'avoir rien à démêler avec la justice. Le rentier se félicite quand il voit monter le taux de l'intérêt, l'industriel et le commerçant quand ils le voient s'abaisser par l'abondance des capitaux. Comment réduire toutes ces contradictions à un principe identique et invariable? En supposant que par un miracle impossible on y eût réussi, rien ne serait fait, car il resterait encore à revêtir ce principe de l'autorité d'une loi obligatoire. Or, nous comprenons qu'on nous conseille de veiller sur nos intérêts ; mais personne ne peut songer à nous en faire une obligation. Si j'ai compromis ma santé, mon patrimoine, mon crédit, on peut me dire que j'ai été imprudent ou inhabile, mais non que j'ai été un malhonnête homme.

    La passion s'accorde encore moins que l'intérêt,

non-seulement avec l'idée du bien et avec l'idée du devoir, mais avec toute idée générale capable de nous servir de règle, soit dans notre conduite envers nous-mêmes, soit dans nos relations avec nos semblables. Personnelle ou égoïste comme l'intérêt, fugitive et variable comme le plaisir, la passion joint à ces deux infirmités celle d'être violente, aveugle, intraitable. Son caractère propre est de n'accepter aucune loi, parce que la loi, c'est la raison, et la raison est précisément le contraire de la passion. Ajoutez à cela que rien n'est plus discordant, plus contradictoire que les passions entre elles. Plusieurs hommes qui convoitent avec ardeur la même chose, qui ambitionnent le même honneur ou le même pouvoir, qui sont également incapables les uns en face des autres de maîtriser leur orgueil, leur colère, leur amour de la domination, sont nécessairement, si la raison n'a point d'autorité sur eux, des ennemis implacables. Et cependant, qui le croirait? des utopistes ont imaginé dans ces derniers temps que le libre essor de toutes les passions était le seul moyen d'assurer le bonheur de l'individu et l'harmonie du corps social. Le libre essor des passions, s'il était possible un seul instant, aurait pour conséquences inévitables l'abrutissement de l'individu et la dissolution de la société. La morale du plaisir, autrement appelée l'épicurisme, et la morale de l'intérêt, conduisent, quoique plus lentement, au même résultat.

Restent les affections désintéressées que nous éprouvons, à différents degrés et à différents titres, les uns pour les autres : la pitié, la bienveillance, la sympathie, l'amitié, l'amour sous sa forme la plus pure, les sentiments qui ont leur foyer dans la famille et ceux qui se développent sur le sol de la patrie. Assurément ce sont là autant d'impulsions généreuses de notre nature et qui nous rendent extrêmement facile, dans quelques circonstances, l'accomplissement de notre devoir, puisqu'elles en font pour nous une jouissance et un besoin. Mais des sentiments, des affections, ne sauraient être érigés en principe d'obligation, ne sauraient revêtir le caractère d'une loi universelle, et, par conséquent, se refusent à prendre la place que tient dans notre conscience et dans notre vie l'idée du bien. Nous ne disposons pas de notre cœur comme de notre volonté ; il ne dépend pas de nous d'aimer ou de ne pas aimer, d'être émus de pitié, ou de rester insensibles à la vue des maux d'autrui : comment donc pourrait-on nous prescrire le premier de ces deux états et nous interdire le second ? Puis, tous les hommes, même quand ils sont placés dans une situation identique, n'aiment pas également ni avec une égale constance. Qui déterminera la mesure qu'on sera obligé d'atteindre et qu'on nous défendra de dépasser ? Une mesure commune étant impossible à trouver, il faudra donc admettre des devoirs intermittents et inégaux comme nos sentiments ? On dira à son prochain : « Je ne vous aime pas ; donc, je n'ai pas d'obligations à remplir envers vous. » On dira à son père et à son frère, à sa mère et à sa sœur, à sa femme et à ses enfans : « J'ai cessé de vous aimer, j'ai ouvert mon cœur à d'autres affections, je me suis fait un autre foyer ; donc, vous n'avez plus le droit de compter sur moi. » Enfin, entre le bien considéré en lui-même et la bienveillance que nous avons pour ceux qui nous entourent, entre nos devoirs et nos affections pour les personnes, la différence est si grande, qu'elle se traduit souvent en opposition. Cela est si vrai que, dans un procès où il serait obligé de prononcer entre un des siens et un étranger, un juge intègre ne manquera jamais de se récuser, quand la loi n'a pas elle-même prévu ce danger. L'histoire a inscrit sur la liste des héros les noms de ceux qui, placés entre l'amour paternel et leur conscience de magistrats, ont mieux aimé étouffer le cri de leurs entrailles que violer les lois de leur pays.

Ainsi l'idée du bien, l'idée du devoir, ne peut se résoudre dans aucune autre idée; elle est un de ces principes constitutifs de notre raison, un de ces principes nécessaires et éternels qu'on ne peut nier ou essayer de supprimer sans nier la raison elle-même. L'ordre, la loi qu'elle nous représente et dont le caractère est de s'imposer d'une manière absolue à toutes nos actions libres, étend aussi son autorité sur les différents mobiles de ces actions, tels que le plaisir, l'intérêt, la passion, le sentiment et, loin de se confondre avec aucun d'eux, n'accepte leur influence que lorsqu'elle l'a subordonnée à elle-même.

V

Retour sur la distinction de l'honnête et de l'utile. — Ce qui constitue le caractère moral ou la bonté d'un acte, ce n'est pas le plaisir ou l'intérêt qu'on y trouve, mais la conformité de ces actes avec la loi dictée par la raison ou par la conscience morale. — L'histoire nous prouve que les hommes ont toujours envisagé le bien comme le motif suprême de nos actes, et que les actions les plus admirées sont celles où l'intérêt personnel et la passion ont été sacrifiés au devoir.

De toutes les erreurs qui méconnaissent la nature et le principe des lois de la morale, il n'y en a pas une qui ait trouvé des défenseurs plus habiles et plus convaincus, et qui soit par elle-même plus spécieuse, que celle qui confond le devoir avec l'intérêt, le bien avec l'utile. Il est donc indispensable de s'y arrêter et de réunir, pour la combattre, tous les moyens que peuvent suggérer à la fois le raisonnement et l'observation.

Remarquons d'abord que les partisans de cette opinion, autrement appelée la morale *utilitaire*, s'appuient sur un fait incontestable : c'est que l'utile et le bien sont en général étroitement unis ensemble. Les actions et les œuvres moralement bonnes sont pour la plupart utiles; les actions et les œuvres utiles sortent rarement du nombre de celles que notre conscience approuve comme bonnes. Comment s'en étonner? Est-ce que le bien n'est pas la suprême loi, l'ordre universel, et l'ordre universel ne doit-il pas comprendre nécessairement la satisfaction des besoins véritables ou des intérêts légitimes de la nature humaine? Or, lorsqu'on reconnaît des intérêts légitimes, on avoue par là même que tous ne le sont pas; et, comme il n'existe point, pour les distinguer les uns des autres, d'autre règle que la loi morale, il est évident, dans cette supposition, que l'utile et le bien ne sauraient se confondre, le premier étant absolument subordonné au dernier. Si l'on soutient, au contraire, que tous les intérêts sont égaux devant la conscience, que tous sont également légitimes, également respectables, comment y trouver une règle de conduite, une loi générale et invariable, puisqu'ils sont, comme nous l'avons dit, en contradiction les uns avec les autres? Mon intérêt n'est pas le même que celui de mon concurrent ou de mon rival; l'intérêt d'aujourd'hui n'était pas celui d'hier et ne sera pas celui de demain. A ne consulter que l'intérêt, le riche, s'il ne subit point l'empire de la pitié, n'a-t-il pas raison de rester sourd aux supplications du pauvre, et le pauvre, réduit à une situation où il a tout à gagner et rien à perdre, n'a-t-il pas raison aussi de se liguer avec ses pareils contre le riche?

Cette objection a été prévue par les défenseurs de la morale de l'intérêt, et, afin de ne pas la laisser sans réponse, ils ont imaginé la doctrine de l'*intérêt bien entendu*, accueillie avec faveur par l'esprit sceptique du xviiie siècle. La doctrine de l'intérêt bien entendu fait une différence entre le vrai et le faux intérêt, entre l'intérêt tel que le comprend un égoïsme éclairé et celui qui est le but d'un égoïsme aveugle, étroit, brutal : c'est le premier, non le second, qu'elle nous prescrit de prendre pour règle de nos actions. Or, le premier comprend aussi bien les plaisirs de l'esprit et les jouissances du cœur que les voluptés des sens ou le bien-être matériel. Il n'exclut, dit-on, aucun sentiment généreux et élevé, puisque les sentiments de cette espèce et les actions qui en découlent, répondant à un besoin de notre nature, sont un élément de notre bonheur.

Il ne faut pas un grand effort de réflexion pour se convaincre qu'il n'est rien de plus chimérique que cette prétention de faire entrer le bien lui-même dans les spéculations de l'intérêt. Les jouissances que nous demandons à notre conscience comme le prix en quelque sorte convenu d'avance d'une bonne action, nous sont refusées aussitôt que cette action cesse d'être désintéressée, et elle cesse d'être désintéressée quand nous l'avons faite, non par amour pour le bien, mais par amour pour nous. D'ailleurs, nous n'aurions aucune idée de la satisfaction intérieure que le bien nous procure, si nous n'avions commencé par le pratiquer indépendamment de toute considération égoïste. Puis, s'il est vrai que la vertu nous apporte des plaisirs incomparables, n'exige-t-elle pas aussi de nous de cruels sacrifices? Qu'est-ce qui nous donnera la force de les consommer? Assurément, ce ne sera pas l'épicurisme raffiné de l'intérêt bien entendu. Ce n'est pas lui qui me persuadera qu'il faut renoncer à tout, repos, bien-être, honneurs, fortune, et qu'il faut tout souffrir, même les derniers supplices, plutôt que de manquer à la justice et à la vérité; ce n'est pas lui qui inspirera au soldat, sur le champ de bataille, le courage de mourir pour la défense de son pays. Enfin, il est impossible de ne pas remarquer aussi que, s'il ne s'agit que d'une question d'intérêt personnel, chacun prend son bien où il le trouve : personne n'a le droit de prescrire aux autres d'être heureux à sa façon. Vous cherchez le bonheur dans la bienfaisance, dans la vie de famille, dans les relations d'amitié, dans l'exercice de la pensée; j'aime mieux les plaisirs des sens et un solide bien-être; qu'avez-vous à me reprocher?

A la doctrine de l'intérêt bien entendu, ou tout simplement de l'intérêt personnel, d'autres ont substitué celle de l'intérêt public ou de l'utilité générale. Ils ont pensé que les contradictions et les faiblesses qu'on reproche avec raison au premier de ces deux systèmes ne pouvaient exister dans le dernier, puisque l'intérêt public comprend nécessairement tous les intérêts particuliers, et que, s'il y a des intérêts particuliers qui refusent de se confondre avec l'intérêt général, la raison exige qu'ils soient sacrifiés. Mais cette croyance repose sur une pure illusion. En effet, qu'est-ce qui me prouve, en l'absence de la notion du bien et du devoir, que je sois obligé, si je n'y suis pas contraint par la force, de sacrifier mes avantages personnels à ceux de la société tout entière? Vous me direz que ces deux sortes d'avantages sont si étroitement unis ensemble qu'ils ne peuvent se séparer. Je n'en crois rien, puisque vous-même vous établissez entre eux une ligne de démarcation en me prescrivant de rechercher les uns et d'abandonner les autres.

L'histoire nous apprend, d'ailleurs, que dans tous les temps il a existé des hommes, et à une certaine époque des classes entières de la société, qui vivaient aux dépens d'autrui.

Mais voici une difficulté encore plus grave, s'il est possible. Que faut-il entendre par cet intérêt public, cette utilité générale sur laquelle on veut faire reposer toute la morale et par suite la législation? A quel signe puis-je discerner l'intérêt public d'avec l'intérêt particulier d'une classe, d'une caste, d'un parti? Je distingue facilement l'usurpation du droit, le droit du privilége, la justice de l'arbitraire, parce que la justice et le droit ont un caractère universel et immuable. Mais l'intérêt public ne se révèle à moi par aucun signe déterminé, parce que l'intérêt, ce n'est pas autre chose, après tout, que la satisfaction de nos passions et de nos désirs, et que les passions, les désirs de chacun de nous, s'accordent rarement, comme nous l'avons démontré, avec ceux de tous les autres. Il y a même des temps de violence et d'emportement où les passions et les désirs du plus grand nombre sont en opposition directe avec les conditions permanentes de l'ordre social; aussi l'intérêt public a-t-il servi de prétexte à la plupart des vices et des crimes que nous raconte l'histoire. C'est au nom de l'intérêt public qu'on a essayé de justifier la Saint-Barthélemy, la révocation de l'édit de Nantes, les massacres de septembre, le tribunal révolutionnaire, et d'autres mesures non moins funestes ni moins sanglantes. C'est au nom de l'intérêt public que la constitution américaine, à l'exemple des constitutions de l'antiquité, avait consacré l'institution de l'esclavage, devenue, il y a quelques années, par un juste châtiment, une cause de guerre civile, et maintenant abolie pour toujours. L'intérêt public! il n'y a pas une mesure si oppressive, une loi si inique, une tyrannie si odieuse, qui n'ait invoqué ce nom fatal.

L'utile ne peut donc, à aucun titre, ni dans aucun cas, se substituer au bien, quoiqu'il en soit souvent la conséquence. L'intérêt, soit particulier, soit général, soit bien ou mal entendu, est absolument différent du devoir. Ce que nous qualifions d'utile, ce que nous appelons notre intérêt, c'est ce qui répond à nos désirs ou à nos besoins, et n'offre, par conséquent, qu'une valeur plus ou moins limitée, plus ou moins durable, mais toujours relative. Le bien, le devoir, c'est ce qu'exige la raison d'un être raisonnable et libre, c'est la raison même, reconnue comme la loi universelle, absolue, immuable, de toutes nos actions, la règle suprême de toutes les volontés aussi bien que de toutes les intelligences.

Cette distinction, c'est le fond éternel de la conscience humaine, car, depuis que l'humanité existe, c'est-à-dire depuis qu'on a commencé à écrire son histoire, en prenant acte de ce qu'elle pense et de ce qu'elle sent, on voit que les mots : devoir, droit, justice, charité, dévouement, tous ceux qui désignent dans une de ses applications l'idée du bien, ont pour elle un sens. On en trouve les équivalents dans toutes les langues et chez tous les peuples arrivés à un certain degré de culture, et partout ils expriment ce que les hommes connaissent de plus sacré, ce qu'ils sont tenus d'honorer à l'égal de Dieu même, comme une émanation de sa volonté et de sa sagesse, ce qui devrait être le but de leurs pensées et la règle de leurs actions. Or, comment auraient-ils le signe s'ils n'avaient pas l'idée, et d'où leur viendrait l'idée, sinon du fond de leur conscience? L'humanité connaît aussi l'intérêt, la passion, l'amour du bien-être, l'égoïsme sous toutes ses formes; mais elle se garde bien de les honorer et de les ériger en loi; elle n'hésite pas même à les flétrir quand ils sont manifestement en opposition avec les principes de la morale. Si cette différence n'existait pas dans la raison humaine, il serait impossible de comprendre les paroles qu'Aristide adressait à ses concitoyens : « Athéniens, ce que Thémistocle vous conseille est conforme à vos intérêts, mais contraire à la justice. » Qu'on passe en revue les siècles écoulés pour savoir quels sont les hommes qui ont excité par leurs actions et conservé jusqu'à nos jours le respect et l'admiration du genre humain, on verra que ce ne sont pas les plus habiles et les plus heureux, mais les plus généreux et les plus justes, ceux qui ont sacrifié leurs passions à leurs devoirs, leurs intérêts les plus chers et leur vie même à une idée, à un principe accepté par leur conscience comme l'expression du vrai ou du bien. Avec l'idée de l'utilité prise pour fondement de la morale, Socrate aimant mieux boire la ciguë que de trahir la vérité, les martyrs chrétiens se laissant dévorer par les bêtes féroces plutôt que de renier leur foi, seraient des insensés, et l'humanité, qui glorifie leur mémoire, partagerait leur délire; avec l'idée du bien, tout s'explique, et nous avons sous les yeux un spectable sublime. Aux martyrs de la philosophie et de la religion, il faut joindre ceux plus nombreux encore qu'ont trouvés dans tous les temps et chez tous les peuples le patriotisme, la liberté, le respect du serment, l'amour de la justice, l'honneur militaire, l'amitié, la piété filiale, la charité. Comment la morale de l'intérêt nous rendra-t-elle compte de la puissance qui a poussé au-devant du sacrifice tant de victimes volontaires, et de l'admiration qui environne encore leurs noms, malgré la distance et les siècles écoulés? La morale de l'intérêt n'est donc pas seulement répudiée par la conscience individuelle, elle est condamnée aussi formellement par la conscience du genre humain manifestée dans l'histoire.

VI

Sanctions de la loi morale. — Première sanction : sanction morale, remords et satisfaction de conscience. — Deuxième sanction : sanction physique, bien-être et souffrance matériels qui résultent de nos bonnes et de nos mauvaises actions.

La loi morale étant la condition suprême, la condition absolue de notre existence comme êtres raisonnables, comme êtres libres, comme êtres intelligents, on comprend qu'en refusant de lui obéir ou en la violant directement, nous nous mettons véritablement en contradiction avec notre nature, nous allons contre le but qu'elle nous propose, et nous poursuivons celui dont elle s'efforce de nous détourner; nous lui faisons violence. Cette situation est nécessairement un mal qui ne manque pas de se révéler par de vives souffrances. Si, au contraire, la règle du devoir, les prescriptions de la raison et de la conscience sont fidèlement observées, alors, étant tels que notre nature veut que nous soyons, nous trouvant d'accord avec elle et avec nous-mêmes, rien ne peut troubler l'harmonie intérieure de nos facultés, et il en résulte pour nous un sentiment de satisfaction, de sérénité, de bien-être. Ces souffrances, conséquence nécessaire d'un désordre intérieur; ce bien-être, accompagnement inséparable de l'ordre réalisé dans notre vie par la puissance de notre volonté, voilà ce qu'on appelle la sanction de la loi morale. La sanction de la loi morale ne consiste donc point en un châtiment ou une récompense arbitraire comme ceux qu'imaginent les législateurs de la terre pour faire respecter leurs œuvres ; elle résulte des actes mêmes par lesquels nos obligations morales ont été remplies ou méconnues, et c'est ainsi qu'elle est infaillible. Mais elle peut être plus ou moins complète et se manifester par des effets plus ou moins sensibles, plus ou moins durables, plus ou moins profonds, selon la gravité de nos fautes ou l'importance de nos bonnes œuvres! De là les distinctions auxquelles elle a donné lieu et les différents noms qu'on lui a donnés.

Au premier rang vient se placer ce qu'on appelle, ou du moins ce qu'on devrait appeler, la sanction morale, parce qu'elle est renfermée entièrement dans les limites de la conscience. Elle consiste dans le remords qui suit immédiatement une mauvaise action ou seulement l'intention, la tentation qu'on a eue de la commettre, et dans la satisfaction, la joie intérieure qu'on éprouve à la pensée qu'on a rempli son devoir, qu'on a fait le bien. Le remords et la satisfaction de conscience ont, comme la loi morale elle-même, comme le bien et le mal, un nom dans toutes les langues. Ce sont des faits reconnus par tous les hommes aussi nécessairement que leur existence, dans laquelle ils tiennent une place si considérable. Il serait impossible d'ailleurs, comme nous l'avons déjà dit de la sanction de la loi morale prise en général, de concevoir la nature humaine sans eux. Il est dans l'essence d'un être raisonnable de ne pouvoir s'écarter sans souffrir des conditions que la raison lui impose, et de ne pouvoir y rester sans être heureux. Le remords, c'est le trouble qui descend au fond de notre âme, c'est l'inquiétude et la honte qui nous poursuivent quand nous avons quitté notre voie, quand nous sommes déchus de notre rang dans la création ; la satisfaction de conscience, c'est la paix et le respect que nous trouvons en nous-mêmes quand nous sommes sûrs d'être restés dignes de nous.

A la sanction morale, surtout dans les devoirs que nous avons à remplir envers nous-mêmes, vient se joindre habituellement la sanction physique, c'est-à-dire les souffrances et le bien-être matériel que nous attire notre conduite, selon que nous avons vécu d'une manière conforme ou contraire aux lois de la raison, aux règles de l'ordre universel représenté par l'idée du bien. Ainsi, par exemple, un homme qui ne sait pas défendre sa liberté contre les séductions des sens, ou qui, dans l'intérêt de ses facultés les plus nobles, n'a pas pris l'habitude de commander à ses passions et de contenir en lui les instincts de la bête, manquera rarement d'expier cette faute, non-seulement par sa déchéance morale et intellectuelle, mais par la ruine de sa santé, par la destruction de ses forces, par une vieillesse et souvent par une mort prématurée. Les vices qu'il a nourris avec complaisance se retourneront contre lui comme des ennemis acharnés à sa perte. Une conduite différente produit pour nous des effets opposés. Le calme et la paix de l'âme amènent à leur suite l'harmonie du corps. Comment en serait-il autrement ? Aux lois qui sont pour nous l'expression de l'ordre universel sont nécessairement subordonnées toutes les autres lois, particulièrement celles qui s'appliquent à notre existence, et il n'est pas en notre pouvoir de nous écarter des unes sans porter le trouble dans les autres. L'union de l'âme et du corps ne subsiste qu'à cette condition.

VII

Troisième sanction : sanction sociale. — Double manifestation de la sanction sociale : la conscience publique, ou l'estime et le mépris de nos semblables; la loi pénale. — But et limites de la loi pénale.

L'homme n'est pas un être isolé dans la nature; il naît et il vit au milieu de ses semblables, dont il ne peut se passer un instant. La société n'est pas moins nécessaire au développement du cœur et de son intelligence qu'à la conservation de sa vie et à la satisfaction des besoins d'où dépend son bien-être. Or, la société n'est possible que par le respect de la loi morale, source de tous les devoirs que nous avons à remplir les uns envers les autres, de toutes les lois qui nous protégent contre de mutuelles agressions et qui maintiennent dans les relations humaines l'harmonie et la paix. Aussi, quand l'un de ses membres faillit à cette loi, la société tout entière ne manque pas de protester contre lui et de lui témoigner, selon la gravité de la faute commise, sa désapprobation, son éloignement, son mépris ou son horreur. Au contraire, sa bienveillance et son estime, quelquefois son admiration, sont assurées à celui qui, luttant avec courage contre les difficultés de la vie et surmontant toutes les tentations, n'est jamais sorti des voies de la justice et de l'honneur. De là, pour la loi morale, une troisième sanction, qui, en raison de sa nature, sera justement appelée la sanction sociale.

Mais la sanction sociale s'exerce de deux manières. Tantôt elle se renferme dans les témoignages d'estime et de mépris que nos bonnes et nos mauvaises actions nous attirent presque toujours de la part de nos semblables et auxquels nous sommes presque aussi sensibles qu'à l'approbation et aux reproches de notre propre conscience. Tantôt elle a pour organe un ensemble de lois écrites, une législation positive qui garantit à certaines actions des honneurs ou des récompenses, et qui exige que d'autres soient réprimées par des châtiments. Dans le premier cas, la sanction sociale est en quelque sorte un complément de la sanction morale, car elle émane de la même source, c'est-à-dire de la conscience, qui ne peut offrir à nos semblables une autre règle d'appréciation que celle que nous trouvons en nous. Elle nous apporte les mêmes souffrances et les mêmes joies, augmentées seulement de la force que leur donne le sentiment de l'honneur. Il ne nous suffit pas, en effet, nés comme nous le sommes pour vivre en société, d'avoir notre propre considération, il nous faut encore celle des autres, et, lorsqu'elle nous fait défaut ou que nous trouvons à sa place le sentiment contraire, l'existence n'est plus pour nous qu'un fardeau. Dans le second cas, quand la sanction sociale a pour organe, non pas l'opinion, mais la loi, son caractère est essentiellement pénal, car son objet propre, et il faut ajouter son pouvoir, est plutôt de réprimer le mal que d'exciter au bien. Le bien ne se fait point par l'attrait des récompenses; il n'existe pas quand il n'est pas désintéressé. Les châtiments, au contraire, si impuissants qu'on les suppose contre l'intention du mal, demeurent toujours nécessaires pour en contenir les effets et mettre la société à l'abri de la violence et du crime.

La sanction pénale ne doit donc pas s'exercer indistinctement contre toutes les actions que la conscience réprouve; elle n'est légitime que lorsqu'elle est nécessaire, c'est-à-dire lorsqu'elle sert à la défense de la société et qu'elle empêche les individus d'être lésés dans leurs droits; car un droit, c'est une chose sacrée, inviolable, et tout ce qui y porte atteinte appelle une répression sévère; la société, en se chargeant de ce soin, ne fait qu'user du droit de légitime défense, et se borne à pourvoir à sa propre conservation. Hors de là, la sanction pénale est arbitraire et abusive. Au premier rang des actions qui lui échappent, il faut placer toutes les transgressions religieuses qui ne sont pas en même temps un attentat contre la société. Il n'appartient pas à l'homme de se constituer le vengeur de Dieu; aucun pouvoir sur la terre n'a reçu une telle mission et n'est en état de l'accomplir. Les obligations que nous avons à remplir envers la divinité étant comprises d'autant de manières différentes qu'il y a de cultes différents, il en résulterait, si la société devait les placer sous la protection de la loi pénale, un système de persécution et d'intolérance qui rendrait impossible toute liberté, et anéantirait le droit dans son principe.

Au second rang des actions blâmables qui échappent à la sanction pénale, se trouve la violation des devoirs que nous avons à remplir envers nous-mêmes. Que nous manquions de respect et de sollicitude pour notre propre dignité; que nous négligions les facultés que Dieu nous a accordées; que nous croupissions dans l'ignorance, dans l'oisiveté, dans la débauche, dans tous les genres d'abaissements, nous sommes coupables, sans doute; nous sommes coupables envers Dieu, dont nous méprisons les dons les plus précieux; nous sommes coupables envers nous-mêmes, dont nous éteignons ou amoindrissons la vie par un lent suicide; nous sommes coupables même envers la société, qui, étant fondée sur l'ordre moral, est autorisée à compter sur notre concours; mais nous ne sommes coupables envers la société que d'une manière indirecte ou négative; elle n'a pas le droit de nous demander compte de ce que nous ne faisons pas pour elle, ou de ce que nous faisons contre nous. Si, d'une part, la société pouvait rechercher pour les punir, tous les actes contraires à la morale individuelle; si, d'une autre part, elle pouvait exiger, par voie de contrainte, tous les services dont elle suppose que nous sommes capables, il n'y aurait plus de place pour la responsabilité personnelle, condition nécessaire de toute moralité.

VIII

Sanction religieuse, ou immortalité de l'âme. — Nécessité de cette sanction pour suppléer à ce que les autres ont d'insuffisant et d'incomplet.

Tout ce que nous venons de dire se réduit à cette proposition sur laquelle, désormais, il n'est guère possible de conserver un doute : l'ordre moral est si étroitement uni à l'ordre physique, à l'ordre social et à l'harmonie intérieure de nos facultés, ou à l'accord de notre âme avec elle-même, qu'en sortant du premier, nous sortons des trois autres, et nous plaçons en dehors des diverses conditions de notre bonheur. Mais ce n'est point là une vérité absolue, comme celle que nous représente le principe du devoir, et il faut bien se garder d'en conclure que la vertu trouve toujours ici-bas sa récompense en elle-même, et que le vice et le crime ont un châtiment toujours prêt dans les lois qui gouvernent, ou la nature, ou la société, ou la conscience. Ainsi, pour commencer par les premières de ces lois, la nature, la nature physique, a-t-elle des récompenses pour celui qui donne sa vie à la patrie, son repos et ses veilles à la science, son être tout entier à un pieux dévouement dont il ne peut attendre aucun retard ? A-t-elle des châtiments pour l'hypocrisie, la bassesse, l'égoïsme, la lâcheté, et en général pour les vices qui ne flétrissent que l'âme, sans atteindre le corps? Même quand les lois de la nature paraissent d'accord avec celles de la morale, ce n'est pas le désordre tout seul qu'elles frappent, mais aussi la faiblesse; la force est toujours sûre de leur indulgence et bien souvent de l'impunité. La société n'est quelquefois pas plus juste ni plus clairvoyante que la nature. Sans remonter jusqu'à ces époques de barbarie et de confusion où le droit du plus fort était la seule règle, on peut remarquer que, dans tous les temps, elle n'encourage que ce qui lui est utile, elle ne réprime, et même ne doit réprimer que ce qui lui est nuisible, dans la mesure de son intelligence et de son pouvoir, nécessairement bornés l'un et l'autre. Tout le reste, les dévouements les plus touchants, quand ils ne s'adressent point directement à elle, les iniquités et les infamies qui ne troublent pas son repos ou n'entravent pas sa marche, n'excite que son indifférence. L'opinion publique n'est pas un remède à l'impuissance des lois, car elle aussi est renfermée dans des limites infranchissables et ne peut encourager par ses éloges ou flétrir de son blâme que les actions qui arrivent au grand jour. Est-ce donc en nous-mêmes que nous trouverons cette sanction réelle, cette justice complète et infaillible que nous attendrions vainement de la nature et de nos semblables? Oui, sans doute, la conscience a ses tourments et ses joies; mais ils ne tiennent les uns et les autres qu'une place assez restreinte dans notre existence. Les premiers s'affaiblissent et peu à peu disparaissent par l'habitude, de sorte que, plus on s'enfonce dans le mal, moins on en est puni. Il y a des âmes délicates qui souffrent beaucoup plus d'un scrupule, d'une faute involontaire, que des cœurs endurcis de toute une vie de désordres et de crimes. Quant à la satisfaction que la conscience nous donne, elle est le signe et non la récompense du bien. Elle n'empêche ni les angoisses de la lutte, ni la douleur du sacrifice, et n'a rien à nous offrir en retour du sacrifice de la vie, ni en général des dommages et des injures que nous souffrons de la part des autres. Aux diverses espèces de sanctions dont nous avons parlé jusqu'à présent il faut donc ajouter une sanction dernière, suprême, infaillible, celle qui suppose une autre vie destinée à réparer les injustices inévitables de la vie présente, celle qui a pour condition nécessaire l'immortalité de l'âme et qui, reposant sur la foi aussi bien que sur la raison, a reçu le nom de sanction religieuse.

Sans la sanction religieuse, l'idée du bien cesse d'être absolue, car l'idée du bien, l'idée de l'ordre universel et nécessaire, comprend évidemment la justice, et il n'y a pas de justice sans la rémunération infaillible du bien et du mal, sans l'harmonie du bonheur et de la vertu. Or, cette harmonie étant irréalisable aussi longtemps que notre âme est enchaînée aux vicissitudes de notre corps, nous sommes forcés d'admettre qu'après la dissolution du corps, l'âme continuera d'exister avec le don de la mémoire et de la conscience pour recueillir le fruit de ses œuvres passées. Le même principe, d'après lequel nous sommes obligés de conduire notre vie, nous ordonne d'en attendre une autre où les contradictions apparentes d'ici-bas trouveront leur solution.

IX

Autres preuves de l'immortalité de l'âme.

L'immortalité de l'âme se démontre encore par d'autres preuves. D'abord, puisque l'âme et le corps, ainsi que nous l'avons établi en commençant (1), sont

(1) *Voyez*, plus haut n° I, page 5.

deux natures complétement distinctes, l'unité et l'identité de la première ne pouvant se concilier avec la composition et le renouvellement périodique du second, on est forcé d'en conclure que la dissolution du corps, conséquence inévitable de la divisibilité de la matière, n'est pas un accident à craindre ni même une fin possible pour l'âme. Pourquoi la mort, phénomène purement matériel, qui, selon les enseignements de l'expérience aussi bien que selon les inductions de la raison, n'a de prise que sur les organes, atteindrait-elle également l'âme, qui se montre à nous, c'est-à-dire à elle-même, avec des caractères si opposés? C'est ce que Platon a exprimé avec beaucoup de force lorsqu'il fait dire à Socrate dans le beau dialogue qui porte le nom de *Phédon :* « Notre âme est semblable à ce qui est divin, immortel, intelligible, simple, indissoluble, toujours le même et toujours semblable à lui, et notre corps ressemble parfaitement à ce qui est humain, mortel, sensible, composé, dissoluble, toujours changeant et jamais semblable à lui-même. Cela étant, ne convient-il pas au corps d'être bientôt dissous et à l'âme de demeurer toujours indissoluble ou quelque autre chose de peu différent. »

Ajouté à la preuve morale que nous avons développée tout à l'heure, cet argument paraît déjà d'un très-grand poids; mais il se complète par l'examen attentif de nos principales facultés.

L'homme est un être fini sans doute; mais toutes les forces de son âme, toutes les lois de sa nature et tous les principes de son intelligence le poussent sans relâche à la recherche de l'infini. Otez-lui ce qu'il a de commun avec la brute, c'est-à-dire le corps et les appétits matériels, il reste un être qui pense, qui aime et qui traduit en action cette double disposition de sa nature par une puissance entièrement à lui, par sa libre volonté. Or, quel est le but de la pensée ou de l'intelligence? C'est la vérité. Eh bien! il ne faut pas beaucoup d'efforts pour se convaincre que, de ce côté, l'âme humaine ne sera jamais satisfaite. Quand nous comparons notre ignorance à notre savoir et les faibles lueurs que nous avons pu recueillir aux immenses ténèbres qui nous enveloppent de toute part, notre premier sentiment est celui du doute et du désespoir. Mais bientôt une force irrésistible nous pousse en avant et, sur la foi de notre immortelle destinée, nous précipite dans une carrière sans limites. Sommes-nous donc plus faciles à contenter du côté de l'amour? Nous aimons le beau et le bien, deux aspects différents d'une seule et même chose, l'idéal, la perfection. Quelle est donc la créature qui nous offre ce caractère et qui, même avec tous les avantages de la nature humaine, suffise à remplir notre imagination et notre cœur? Enfin, si l'on veut bien réfléchir à la nature et aux conditions de la liberté, on verra que le but qu'elle poursuit n'est pas moins reculé que celui de l'intelligence et de l'amour. La condition de la liberté n'est pas autre chose que cette sévère et universelle loi du devoir dont nous avons parlé. En l'absence du devoir, il ne reste, pour nous diriger, que l'instinct et la passion, puissances aveugles et fatales l'une et l'autre, car l'intérêt ne doit pas compter pour un mobile distinct; il n'est, pour ainsi dire, que la prévision d'une passion à venir, ou la passion devenue prévoyante. Le caractère et par conséquent la destination de la liberté est donc, en nous élevant au-dessus de ces basses régions, de traduire en œuvres les conceptions les plus pures de notre intelligence et les sentiments les plus généreux de notre cœur, de poursuivre sans relâche la conquête du vrai et la réalisation du beau et du bien. Il est évident qu'aucune vie limitée ne peut suffire à une pareille tâche. A cette considération uniquement fondée sur la raison, vient se joindre un fait d'expérience, c'est qu'il y a en nous un besoin d'activité et de mouvement, un besoin d'étendre, et, s'il est permis de parler de la sorte, d'exprimer notre être, qu'aucune occupation présente ne peut assouvir. De là ces projets sans nombre qui remplissent notre vie beaucoup plus, beaucoup mieux que nos œuvres, et au milieu desquels la mort vient nous surprendre. Ainsi, dans quelque sphère qu'elle soit placée et de quelque point de vue qu'on la considère, notre âme porte toujours avec elle sa raison d'être; ses droits à l'existence n'ont rien à craindre de la prescription, car il est impossible de douter que sa fin générale ne soit la même que celle de chacune de ses facultés, et celle-ci ne peut se concevoir qu'avec une durée immortelle.

Enfin, toutes ces facultés qui aspirent à l'immortalité et ne peuvent se satisfaire ni se comprendre sans elle, ont leur principe en Dieu. Dieu n'est pas seulement la cause et le sage ordonnateur des phénomènes de la nature, il est aussi l'auteur des facultés qui me font connaître à moi-même, et m'élèvent jusqu'à lui; il est le père, la providence et le juge de l'âme humaine. Cette liberté absolue, cette connaissance infinie, cette justice infaillible que je poursuis vainement, elles existent en lui; il serait impossible autrement qu'il m'en eût donné l'idée. Mais comment l'être infiniment bon, infiniment juste, infiniment sage, nous aurait-il laissés voir le vide et les imperfections de cette vie, si nous ne devions pas en trouver une autre ? Comment nous aurait-il demandé des sacrifices qu'il doit laisser sans récompense, nous aurait-il donné des forces qui doivent rester sans usage, aurait-il allumé dans nos cœurs l'amour de l'infini et l'espérance de l'immortalité pour nous laisser, après quelques jours pleins d'angoisses et de misères, retomber tout entiers dans le néant ? Quoi ! dans l'ordre physique, il n'y a pas une si humble créature qui ne soit organisée en vue de sa fin, et cette loi serait méconnue dans l'ordre moral ! Les facultés et les instincts qui nous appartiennent en propre ne seraient pas seulement inutiles, mais contraires au cours paisible de notre existence ! Cela ne peut se justifier ni se comprendre, et il faut, pour admettre une telle supposition, avoir abdiqué sa raison au profit du désespoir.

Le dogme de l'immortalité de l'âme est aussi ancien que celui de l'existence de Dieu. Toutes les fois qu'on aperçoit l'un, on est sûr de rencontrer l'autre; partout où s'élève un temple et un autel, symboles de l'éternité, on peut être certain que la cendre des morts repose dans leur ombre. Quelques esprits isolés ont pu séparer ces deux croyances ou les rejeter ensemble; mais la foi du genre humain les a toujours réunies. Elles constituent le fond commun et, si l'on peut parler ainsi, la substance invariable de toutes les religions. C'est qu'en effet la raison ne permet pas de les diviser et ne saurait, sans se mutiler elle-même, les accepter l'une sans l'autre. Si ce monde n'est pas l'œuvre d'une cause intelligente qui a fait toutes choses avec poids et mesure, et marqué à chaque être une destination proportionnée à ses facultés, il est évident que nous n'avons rien à attendre après la mort; que les contradictions, les iniquités et les souffrances dont cette vie est remplie, sont un mal sans but et sans réparation; et réciproquement, si nous n'apercevons en nous aucun principe qui puisse survivre à l'extinction des sens, aucune idée, aucun sentiment, aucun besoin qui dépasse notre existence physique ou même les conditions de l'ordre social, comment notre intelligence s'élèvera-t-elle à la conception de l'infini, à la connaissance de Dieu ? Mais ce lien indestructible entre la foi à l'existence de Dieu et la foi à l'immortalité est précisément ce qui fait leur salut commun, car le matérialisme et l'athéisme sont condamnés par tous les instincts et par toutes les idées de l'âme humaine.

DEUXIÈME PARTIE

MORALE PROPREMENT DITE

X

Division de la morale proprement dite. — Division et classification des devoirs. — Pourquoi la division des devoirs a remplacé l'ancienne division de la vertu en quatre vertus cardinales.

Après avoir prouvé l'existence de la loi morale et montré ce qu'elle est dans son unité et son universalité, il faut la suivre dans ses différentes applications, et rechercher quels sont les devoirs qu'elle nous impose dans toutes les situations de notre vie, dans toutes les relations que comporte notre nature. Or, nous avons des relations avec tous les êtres capables d'exercer une action sur nous et sur lesquels, à notre tour, il nous est permis d'exercer notre liberté et notre intelligence : avec nous-mêmes d'abord, avec les autres hommes, avec les êtres inférieurs à la nature humaine, avec la nature divine. De là quatre sortes de devoirs, qui donnent naissance à autant de parties distinctes de la morale : des devoirs envers nous-mêmes, qui sont l'objet de la *morale individuelle;* des devoirs envers nos semblables, qui forment dans leur réunion la *morale sociale;* des devoirs dont les êtres inférieurs sont moins le but que l'occasion et qui rentrent dans ceux qui nous sont prescrits envers nous ou envers la société; enfin des devoirs envers Dieu, embrassés sous le nom de *morale religieuse*.

Les devoirs que la conscience nous prescrit, les actions que la raison nous commande, quand nous les accomplissons régulièrement et avec persévérance, apportent à notre âme une puissance, une perfection intérieure qui nous rend jusqu'à un certain point inaccessibles aux tentations et aux défaillances à venir. C'est cet état, précieux résultat des victoires que nous avons successivement remportées sur nous-mêmes, qui a reçu le nom de vertu. Les anciens, plus occupés de la vertu que des devoirs, ont été conduits à une division de la morale qui diffère, au moins en apparence, de celle qui est aujourd'hui universellement consacrée. Considérant la vertu comme une dans son principe, mais comme revêtue d'un certain nombre d'attributions essentielles, dont chacune la représente sous un aspect et sous un nom particulier, ils distinguaient quatre vertus *cardinales*, c'est-à-dire quatre vertus principales d'où dérivent et auxquelles se subordonnent toutes les autres : ce sont la prudence, la force, la tempérance et la justice. Quand on examine de près la signification que les anciens attachaient à ces mots, on s'aperçoit que leur opinion sur les diverses parties de la morale ne s'éloigne pas autant qu'on pourrait le croire de celle qui a prévalu chez les modernes. En effet, la prudence, entendue dans le sens de son étymologie antique, ce n'est point cet esprit de réflexion et de réserve qui peut servir également au bien et au mal, à l'égoïsme et à la vertu, c'est la connaissance de la vérité dans son caractère le plus élevé, à ce degré où elle embrasse la connaissance de Dieu et celle de nous-mêmes et où elle suppose nécessairement de longs efforts d'intelligence. Mais la prudence ainsi comprise, c'est tout à la fois un devoir envers nous-mêmes et envers notre Créateur. Ce sont encore des devoirs envers nous-mêmes que nous rencontrons dans la force et dans la tempérance, car la première de ces deux vertus, d'après la définition que nous en trouvons dans Cicéron, c'est cette énergie de la volonté, cette liberté de l'âme qui consiste à se mettre au-dessus de la bonne et de la mauvaise fortune et à ne reculer devant aucun sacrifice pour faire le bien. La seconde, c'est ce même empire de la liberté morale exercé sur les appétits du corps et les passions qui prennent leur origine dans les sens. Enfin la justice, que les grands moralistes de l'antiquité ne comprenaient pas sans la bienfaisance et sans l'amour du genre humain, comprend tous les devoirs que nous avons à remplir envers nos semblables.

Il n'en est pas moins vrai que la distinction des vertus cardinales offre une division moins logique et moins facile à saisir que celle de nos devoirs.

Quant à l'ordre qu'il faut suivre dans l'exposition de ces devoirs, il est évident qu'il faut commencer par ceux qui nous concernent nous-mêmes, car si l'homme n'avait pas de devoirs envers lui-même, c'est-à-dire envers chacune des facultés qui existent en lui, les mêmes facultés n'auraient pas plus de titres à son respect chez les autres, et la nature humaine tout entière serait placée en dehors des règles de la morale. C'est encore par respect pour la nature humaine que nous pouvons nous croire obligés à des ménagements et à un sentiment de pitié envers toutes les créatures vivantes. Enfin, ce n'est qu'après avoir, autant que cela est en notre pouvoir, élevé notre âme, développé notre intelligence, compris ce qu'attend de nous de charité, d'abnégation, de reconnaissance, la société de nos semblables, que nous serons capables de nous faire une idée de ce que nous devons au Créateur.

CHAPITRE PREMIER

MORALE INDIVIDUELLE

XI

Morale individuelle, ou devoirs envers nous-mêmes. — Devoirs de la morale individuelle qui regardent le corps. — De l'hygiène. — De la gymnastique. — De la tempérance. — Le suicide condamné par les lois de la morale.

Quelques philosophes ont défini l'homme *une intelligence servie par des organes*. Rien de plus juste, si par intelligence on entend l'âme tout entière, car, une fois que l'on admet la distinction de l'âme et du corps, il est évident que le second n'est qu'un instrument au service de la première. Mais cet instrument, si vil qu'il soit, lorsqu'on le compare à l'ouvrier invisible qui a été appelé à s'en servir, ne saurait être négligé, ni détruit, ni exposé volontairement à des causes d'altération et d'affaiblissement sans dommage pour l'âme elle-même. Les devoirs que nous avons à remplir pendant la vie sont évidemment méconnus, si la vie elle-même, qui consiste dans l'union de l'âme et du corps, est compromise par la violation ou la négligence des lois protectrices de notre organisation physique. C'est d'ailleurs un fait constaté par l'expérience, que les infirmités, les maladies et l'altération de nos organes apportent souvent les plus grands obstacles à l'exercice de notre volonté et de notre intelligence. Voilà ce qui faisait penser aux anciens que rien n'est plus désirable qu'une âme saine dans un corps sain.

Mais il ne faut pas que ces deux biens, si étroitement unis ensemble, la santé du corps et la santé de l'âme, soient placés sur la même ligne. C'est à cause de l'âme qu'il faut s'occuper du corps; c'est à cause de l'âme que nous sommes obligés de veiller non-seulement à la conservation, mais encore au développement et à l'accroissement de ses forces, puisqu'elles concourent de toute nécessité au perfectionnement de nos facultés et à l'accomplissement de nos devoirs. Les forces du corps se conservent par une vertu particulière, que l'intérêt nous commande aussi bien que le sentiment moral, et par une science qu'heureusement la nature et l'expérience ont mise à la portée de tous. Cette vertu, c'est la tempérance, et cette science, l'hygiène.

La tempérance consiste à ne donner au corps que ce qui lui est utile ou nécessaire. L'intempérance, au contraire, franchit cette limite et n'en admet pas d'autre que la satiété; encore la satiété ne suffit-elle pas toujours pour l'arrêter. Elle consulte non les besoins que la nature nous a donnés, mais l'amour du plaisir et les appétits factices qu'il a créés en nous. Or, comme il est impossible d'excéder les besoins de la nature sans violer ses lois et sans troubler son économie, il en résulte que l'intempérant est l'ennemi de lui-même, le bourreau encore plus que l'esclave de ses sens. Il croit les flatter, lorsqu'il travaille de toute son énergie à leur dissolution et à leur ruine. Sourd à la voix de la raison et ne connaissant plus celle de la nature, pervertie en lui par des passions funestes, il tombe réellement au-dessous de la brute, puisqu'il ne lui reste pas même la protection aveugle de l'instinct. Au reste, il suffit de regarder un homme au moment où il fléchit sous le poids de ses propres excès pour être certain qu'il n'appartient plus à l'espèce humaine.

L'hygiène, c'est à proprement parler la science de la santé. Elle suppose la connaissance des agents et des phénomènes physiques qui lui sont favorables ou défavorables, par conséquent celle des conditions qu'il faut remplir pour la conserver. Cette connaissance ne s'élève au rang d'une science qu'à force de temps et de patientes observations; mais il y a aussi, si l'on peut ainsi parler, une hygiène naturelle qui se fait d'elle-même, dans l'esprit de chacun, par l'expérience de chaque jour. C'est celle-là qu'il faut surtout s'appliquer à mettre en pratique et que la morale fait rentrer dans nos devoirs envers nous-mêmes, sans exclure l'autre lorsqu'il est en notre pouvoir de l'apprendre. Le jour n'est pas loin, peut-être, où les saines notions d'hygiène seront répandues par l'instruction primaire dans toutes les classes de la société. Alors elles pourront être considérées comme un utile complément de la morale individuelle.

Si la tempérance et l'observation des règles de l'hygiène sont des moyens de conserver nos forces physiques, l'exercice, le travail du corps, est un moyen de les accroître. Or, l'exercice soumis à certaines règles et élevé à la dignité d'un art, c'est ce qu'on appelle la gymnastique. L'exercice et le travail, dirigés par le bon sens naturel, contenus dans les limites que l'expérience leur impose, suffisent assurément; mais les anciens, c'est-à-dire les Grecs et les Romains, ne s'en contentaient pas; la gymnastique leur paraissait nécessaire pour faire des hommes, des citoyens et des soldats. Aussi lui ont-ils donné un développement exagéré. Les nations modernes doivent éviter cette faute. C'est assez pour elles que, dans l'éducation publique, les exercices de l'esprit ne fassent point oublier ceux du corps.

Le devoir qui nous commande de veiller à la conservation de notre santé et de nos forces exige encore plus impérieusement la conservation de notre vie; par conséquent, le suicide est une violation des lois de la morale, le suicide est un crime aussi bien envers la société qu'envers nous-mêmes.

Le suicide est coupable pour la même raison et au même degré que l'homicide, car, pourquoi est-ce un crime d'ôter la vie à son semblable quand il y a profit à le faire, non-seulement pour soi, mais pour d'autres? Pourquoi, lorsque nous n'y voyons aucun danger ou que nous sommes résolus à le braver, et que, de plus, la pitié a abandonné notre cœur, ne disposerions-nous pas, pour nos intérêts, de la vie des hommes, comme nous disposons de celle des animaux, comme nous disposons des choses inanimées? Parce que la vie humaine a un but moral, c'est-à-dire un but vers lequel il nous est absolument commandé de diriger toutes nos facultés, et auquel, par conséquent, doivent être subordonnés nos intérêts et nos passions; en d'autres termes, parce que tout homme a des devoirs à remplir envers lui-même, et que tant qu'il reste dans la limite de ces devoirs, qui se résument dans le perfectionnement de son être, sa vie est inviolable et sacrée pour nous. Retranchez cette idée suprême du but moral de la vie, des devoirs qui nous sont imposés envers nous-mêmes, indépendamment de toute condition extérieure, vous supprimez par là même toute idée de droit et, par conséquent, de devoir envers nos semblables. Mais, s'il en est ainsi, ma propre vie m'est aussi sacrée que celle des autres, et soit que j'attente à celle-ci ou à celle-là, je suis également coupable. On a donc eu raison de dire que la condamnation du suicide est comprise dans ce précepte général : « Tu ne tueras point. »

Tous les sophismes qui ont été imaginés pour défendre le suicide s'évanouissent devant cette vérité, qu'on ne peut se donner la mort sans violer à la fois tous les devoirs auxquels appartient notre vie. Examinons rapidement les plus spécieux de ces sophismes.

Vous souffrez, dites-vous, et vous ne prévoyez pas la fin de vos peines. Dès lors la vie n'est pour vous qu'un fardeau, et vous ne comprenez pas pourquoi vous ne pourriez pas l'abandonner. — Mais vous n'êtes point ici-bas pour être heureux au gré de vos passions ; vous devez, au contraire, vous élever au-dessus d'elles et être plus fort que la douleur.

Vous désespérez d'être utile à vos semblables, et vous pensez que votre existence, loin de les servir, leur est à charge. — D'abord on conçoit difficilement qu'un homme capable de se tuer pour un pareil motif ne tienne absolument à rien dans ce monde et ne soit cher à personne, n'ait personne à aimer, à consoler, à conseiller, à édifier par ses exemples. Mais quand cela serait ! la loi du devoir ne consiste pas uniquement à être utile aux autres ; vous avez votre âme à purifier, à développer, à agrandir, et les bienfaits qu'on est obligé de recevoir ne servent pas moins à ce but que ceux qu'on répand soi-même.

Vous êtes Caton ou Brutus, et vous ne voulez pas survivre à la liberté de votre pays. Vous vous appelez Lucrèce, et vous ne pouvez supporter votre propre honte. — Mais quand la carrière du citoyen est fermée, en supposant qu'elle le soit jamais, ne reste-t-il pas celle de l'homme ? Quand nous avons perdu toute espérance pour la patrie, la conscience n'a-t-elle plus de droits sur nous ? Quant à la honte, elle est méritée ou non. Si elle est méritée, il faut la supporter comme un mal salutaire et améliorer son âme par l'expiation. Si elle n'est pas méritée, il faut mettre sa conscience au-dessus de l'opinion et éviter d'être injuste parce qu'on est victime de l'injustice.

XII

Devoirs de la morale individuelle qui regardent l'âme: ils se rapportent aux différentes facultés, sensibilité, intelligence, volonté, qu'il faut développer et discipliner en vue de l'accomplissement du bien.

Tous les devoirs que nous avons à remplir à l'égard de notre corps sont une conséquence nécessaire de ceux qui nous sont prescrits à l'égard de notre âme. Tous les devoirs que nous avons à remplir à l'égard de notre âme dérivent à leur tour, d'une manière non moins évidente, de la fin générale que la loi morale nous commande de poursuivre sans interruption et sans relâche, ou de l'ordre que nous sommes obligés d'introduire dans notre existence, de la perfection à laquelle nous sommes tenus de nous élever de plus en plus.

Cette fin générale, cet ordre, cette perfection, ne pouvant se réaliser ni même se concevoir sans l'exercice de la volonté, c'est-à-dire de cette force intérieure qui n'existe pas si elle n'est libre et qui se confond avec la liberté, il en résulte que la conservation et le développement de notre volonté sont le premier devoir que la morale nous prescrive par rapport à notre âme.

La volonté ne pouvant pas exister en nous sans la raison, puisque sans la raison nous tombons au pouvoir de nos appétits ou de nos passions, la raison étant nécessaire, d'ailleurs, pour nous donner connaissance de la loi qui doit régler notre vie et nous laisser le choix entre le bien et le mal, la conservation et le développement de notre raison sont, à l'égard de notre âme, un devoir aussi impérieux que la conservation et le développement de notre volonté.

La raison et la volonté tout ensemble ne suffisent pas à la réalisation de l'ordre moral, parce que l'homme n'est pas seulement un être intelligent et libre, il est aussi un être sensible. Le bien qui se propose à lui comme le but suprême de son existence et auquel il est tenu de sacrifier ses intérêts, ses plaisirs, quelquefois ses plus tendres et ses plus douces affections, il faut qu'il puisse l'aimer pour que tous les sacrifices qu'il commande soient moins douloureux; il faut qu'il en comprenne, non-seulement les austères exigences, mais aussi la grandeur et la beauté. Or, ces dernières qualités s'adressent moins à l'intelligence qu'au sentiment, et c'est aussi parmi les sentiments qu'il faut comprendre l'amour qu'ils nous inspirent. La sensibilité est donc, dans l'œuvre de notre perfectionnement, un auxiliaire nécessaire de la raison et de la volonté, et c'est pour nous un devoir de le développer sans cesse en l'exerçant sur les objets les plus dignes de l'émouvoir.

Mais ce n'est pas assez de connaître les devoirs qui nous sont prescrits à l'égard de nos diverses facultés, il faut encore que nous sachions de quelle manière, par quels moyens, nous parviendrons à les remplir. Le développement de la volonté est tout entier l'œuvre de la volonté même. Il consiste à la rendre indépendante, soit de l'intérêt, soit de la passion, soit des conseils de la peur, soit des séductions de l'amour-propre, souvent plus dangereuses que celles de la cupidité ou de la volupté, et à ne voir au-dessus d'elle que les lois de la raison, que les ordres absolus de la conscience. Cet empire de la volonté sur les mouvements irréfléchis du cœur et des sens ou sur les calculs intéressés de l'égoïsme, voilà ce qu'on appelle le caractère, et l'homme vaut plus par le caractère que par les dons les plus brillants de l'esprit, car ceux-ci nous les tenons d'une libéralité de la nature, tandis que le caractère, c'est nous-mêmes, ce qu'il y a en nous de plus substantiel et de plus personnel. Mais ce n'est pas en un jour que l'on acquiert ce degré de liberté et de sécurité intérieure; on n'y arrive qu'avec le temps, à force de surveillance exercée sur nos actions et sur nos plus secrètes pensées, par l'effet d'une discipline inflexible qui ne nous fait grâce sur aucune défaillance; toutefois, on y arrive quand on le veut, et il n'y a que les lâches qui restent à moitié chemin.

Le développement de l'intelligence ne dépend pas moins de nous que celui du caractère; car l'intelligence se développe par l'étude, la réflexion, l'observation, le raisonnement, la conversation avec nos semblables, ou la lecture de leurs ouvrages, et tous ces moyens sont entièrement en notre pouvoir; ce sont des actes, que, dans des proportions diverses, nous sommes toujours libres d'accomplir, et sans lesquels les facultés les plus heureuses restent frappées de stérilité ou même sont en danger de se perdre comme on perd l'usage d'un membre qu'on n'exerce pas. Rester dans l'ignorance lorsque, pour en sortir, il n'en coûterait pas plus qu'un effort soutenu de la volonté, c'est donc véritablement un suicide intellectuel, qui se change bien vite en un suicide moral, puisque la pratique du bien en suppose nécessairement la connaissance. Ce n'est pas assez de se faire instruire, il faut chercher surtout à s'instruire soi-même. L'instruction que nous avons reçue des autres, comme les dons que nous avons reçus de la nature, est un bienfait digne de notre reconnaissance ; ce n'est pas l'accomplissement d'un devoir. Notre devoir ne peut être accompli que par nous ; par conséquent, c'est à nous de compléter, ou du moins de continuer l'œuvre commencée par la libéralité de nos semblables.

Enfin nous exerçons également un empire très-étendu sur notre sensibilité. Selon la nature des objets sur lesquels nous arrêtons notre imagination et notre pensée, selon le caractère des personnes avec lesquelles nous sommes habituellement en relation, nous développons en nous de bons ou de mauvais sentiments, des passions viles ou généreuses. Les unes et les autres, nous pouvons à notre gré les faire naître, les entretenir et les exciter en nous au point de les rendre maîtresses de notre vie, ou les étouffer dans leur germe, lorsqu'elles n'existent encore qu'à l'état d'une vague agitation à peine aperçue par la conscience. Il n'y a que les passions viles, sensuelles, égoïstes, envieuses, dont il soit utile de poursuivre l'entière destruction. Mais les sentiments nobles et élevés, ceux qui ont pour effet tout à la fois de nous rendre meilleurs, et plus heureux, les attachements désintéressés, l'admiration du beau et du bien, l'amour de la vérité et de la science, le culte de l'art, les saintes émotions de la foi, il faut les provoquer dans nos âmes quand ils n'y sont pas spontanément, il faut les nourrir en quelque sorte par la contemplation des actions et des œuvres les plus propres à les inspirer ; le commerce des hommes, les enseignements et les exemples peuvent exercer sur nous la plus salutaire influence.

XIII

Du travail. — La loi du travail obligatoire pour tous. — Du travail imposé à chaque homme selon son état et sa profession. — Chaque condition, dans la société, a son importance et peut avoir sa dignité, quand on s'acquitte fidèlement des obligations qu'elle impose. — Influence salutaire du travail sur la moralité humaine. — De l'épargne accumulée ou du capital.

Tous les devoirs que nous avons à remplir envers nous-mêmes ne rentrent pas nécessairement dans l'une ou dans l'autre des deux classes d'obligations que nous venons d'exposer, celles qui ne regardent que l'âme et celles qui se rapportent uniquement au corps. Parmi ces devoirs, il y en a un qui tient, en quelque sorte, des deux natures, qui intéresse l'âme et le corps en même temps et à un égal degré : nous voulons parler du travail.

On ne saurait contester la nécessité du travail pour la conservation du corps, puisque c'est à lui que nous devons d'une manière générale nos aliments, nos vêtements, nos maisons, nos armes, tout ce qui sert à nous nourrir, à nous protéger, à nous défendre, à assurer notre subsistance et notre bien-être, sans compter que le travail est par lui-même un exercice utile à l'entretien et au développement de nos forces. Le travail n'est pas moins nécessaire au perfectionnement de notre âme, puisque sans lui il nous est impossible de nous instruire, ni de nous procurer les loisirs, la sécurité, le repos de l'esprit dont nous avons besoin pour cultiver notre cœur et notre raison. La faim, la soif, le froid, les privations du jour et les soucis du lendemain nous ôtent jusqu'au sentiment de notre dignité morale et de nos besoins immatériels.

Le travail étant indispensable à l'accomplissement de nos plus impérieux devoirs, de ceux qui peuvent être considérés comme le fondement et la condition de tous les autres, est lui-même un devoir absolu, universel, qui s'adresse sans exception et sans condition à tous les hommes. La loi du travail nous apparaît ainsi comme une des premières lois de l'humanité, et justifie ces paroles du livre de Job : « L'homme est né pour travailler comme l'oiseau pour voler. »

Mais si le travail est également obligatoire pour tous, il n'en résulte pas qu'il doive chez tous se manifester de la même manière ou produire exactement les mêmes œuvres. Ce n'est que dans l'enfance de la société humaine que chacun est dans la nécessité de pourvoir directement, par sa propre industrie, à tous ses besoins, de se construire sa demeure, de se procurer ses aliments et de les préparer, de fabriquer ses vêtements, et, s'il lui reste encore le temps de penser, de se faire, par ses réflexions personnelles, quelques grossières idées sur l'homme et sur la nature. Peu à peu se révèle la loi de la division du travail. Les arts se perfectionnent en se multipliant. Aux œuvres mécaniques viennent se joindre les lettres, les sciences, l'administration publique, les beaux-arts. La société ressemble à un immense atelier où chacun choisit la tâche qui se trouve le plus près de lui, qui lui paraît la plus accessible ou la plus conforme à ses goûts et à ses aptitudes. Quelle qu'elle soit, pourvu qu'elle soit utile et honnête, on est tenu de la remplir avec conscience; car les mêmes raisons qui rendent obligatoire le travail en général, s'appliquent à chaque profession, à chaque état, à chaque industrie en particulier. Pour rendre possible ce travail général dans lequel nous avons reconnu une condition sans laquelle nul autre devoir ne saurait être rempli, il faut que chacun en prenne une part proportionnée à son intelligence et à ses forces.

Il existe sans doute une très-grande différence entre les diverses professions que crée la division du travail. Toutes n'exigent pas les mêmes facultés de l'esprit ou la même adresse du corps, ou la même énergie de la volonté. Toutes, par conséquent, ne peuvent atteindre aux mêmes résultats. Aux unes les honneurs, la fortune, la puissance, aux autres l'obscurité, la dépendance et trop souvent la pauvreté. De là l'inégalité profonde qui existe entre les différentes conditions de la société, inégalité qui doit diminuer de plus en plus par le progrès des lumières, de la moralité et de la prévoyance publique, sans qu'on puisse jamais espérer qu'elle disparaîtra, car elle est dans la nature même des choses. Mais il n'y a pas de condition si humble, ni de profession si modeste qui ne se relève par les sentiments qu'on y apporte, et il n'y en a pas de si brillante et de si honorée qui ne puisse s'abaisser de la même manière. C'est que l'homme tient de ses devoirs et de sa fidélité à les remplir une valeur que les circonstances extérieures ne sauraient lui enlever et qu'elles sont impuissantes à lui rendre lorsqu'il l'a perdue. Autant vaut l'homme, autant vaut la place qu'il occupe dans ce monde, il fait rejaillir sur elle le respect qui s'attache à lui. D'ailleurs chaque profession, si elle est honnête et utile, a par elle-même sa dignité et son principe d'honneur. Ils consistent dans les services qu'elle rend à la société et dans la loyauté avec laquelle elle tient ses engagements envers le public qui compte sur elle. Puisque la société, comme nous l'avons dit, peut être comparée à un immense atelier où tous les travaux se tiennent, où tous les ouvriers se prêtent un mutuel concours, on comprend qu'un seul de ces ouvriers, un seul de ces travaux venant à manquer ou à dévier du but qui lui a été assigné, il en résulte un trouble profond pour tous les autres. Nous nous en apercevons facilement lorsqu'arrive une de ces crises partielles qu'on appelle des grèves.

Le travail n'est pas seulement un de nos plus impérieux devoirs, il peut être considéré comme un moyen assuré de les remplir tous ; par les habitudes d'ordre, de régularité, d'activité qu'il apporte avec lui et la paix intérieure qui en est la conséquence, il devient un des plus solides fondements de la moralité humaine. La moralité humaine n'est pas autre chose, en effet, que l'amour de l'ordre, que le respect de la règle et de la loi porté à sa plus haute puissance. L'immoralité, au contraire, c'est le désordre né de l'ennui, qui lui-même a sa principale cause dans l'oisiveté. Or, on l'a dit avec raison, l'oisiveté est la mère de tous les vices. Quand notre pensée n'est fixée à rien, quand nos facultés restent sans emploi, tout les tente et les entraîne ; elles sont livrées à la merci de tous les caprices de l'imagination et des sens. Le travail, même quand il ne s'applique qu'à des œuvres matérielles, est, par la volonté soutenue qu'il exige, une sorte de gymnastique de l'âme qui entretient le cours régulier des idées et des sentiments, comme la gymnastique du corps entretient le cours régulier du sang.

Une des sauvegardes de la moralité de l'homme, le travail est aussi la plus sûre garantie de son indépendance, par conséquent de sa dignité, lorsqu'il joint à l'activité qui crée la prévoyance qui conserve. Consommer au jour le jour tout ce que l'on produit lorsque d'ailleurs on aurait assez pour préserver le lendemain, c'est s'exposer à rencontrer des jours de détresse où les forces nous manquent, où la matière même nous fait défaut, et pendant lesquels nous sommes entièrement à la discrétion de nos semblables, à la merci de leur pitié. Si, au contraire, au prix de quelques sacrifices imposés au présent, nous avons eu le courage d'épargner pour l'avenir, si cette part de l'avenir n'est pas seulement faite une fois, mais s'accroît entre nos mains de jour en jour, de mois en mois, d'année en année, alors elle devient ce que dans le langage de l'économie politique on appelle un *capital*. Le capital ou l'épargne accumulée, c'est une force ajoutée à celles que nous tenons de la nature et qui les remplace lorsqu'elles sont paralysées ou qu'elles commencent à décroître, qui les multiplie en leur donnant pour auxiliaires des instruments plus ou moins ingénieux, et enfin qui nous permet de traverser la tête haute, l'esprit en paix, les époques de de stérilité ou d'impuissance.

CHAPITRE II

MORALE SOCIALE

XIV

Devoirs de l'homme envers ses semblables ou envers la société. Division et classification de ces devoirs. — La famille, premier fondement de la société et condition nécessaire des mœurs publiques. — Comment la félicité des peuples augmente ou diminue selon que les liens de la famille se resserrent ou se relâchent. — Du mariage et des devoirs qui en découlent.

Nous venons d'exposer les lois qui règlent la conduite de l'homme envers lui-même ou les devoirs de l'individu. Mais il ne faut pas confondre l'individu avec l'homme isolé. L'homme isolé, ou comme on l'appelait dans la langue philosophique du xviii° siècle, l'homme de la nature n'a jamais existé. Le seul état dans lequel nous puissions naître et vivre, développer nos facultés, acquérir le sentiment de notre dignité morale, c'est la société. Il en résulte que nous avons envers la société ou envers nos semblables des devoirs non moins impérieux que ceux qui nous sont prescrits envers nous-mêmes, puisque les derniers ne sauraient subsister sans les premiers.

Nos devoirs envers la société se divisent de la même manière que la société elle-même. Or, on distingue quatre sortes de sociétés qui se pénètrent et se touchent par tous les points, qui se supposent et se soutiennent mutuellement et dont aucune ne peut se passer des trois autres. Au premier degré nous trouvons la famille. Puis en dehors de la famille nous rencontrons la société humaine en général ou celle qui existe naturellement, en raison de la similitude de leurs facultés et de leurs besoins, entre un homme et tous les autres considérés individuellement, entre un homme et son semblable, abstraction faite de tout autre rapport. A cette société générale, régie seulement par des lois naturelles, vient se joindre la société civile, gouvernée par des lois positives, ou cette existence collective qu'on appelle un peuple, une nation ou un Etat. Enfin les peuples, les nations ou les Etats ne sauraient rester isolés les uns des autres. Ils ont entre eux, comme les individus, des rapports nécessaires; ils sont forcés comme les individus de reconnaître des lois communes, de communes obligations sans lesquelles ils ne pourraient vivre en paix un seul instant. Grâce à ces rapports et aux lois qui les régissent, ils forment une quatrième espèce de société, plus générale que les trois premières, et qui, tendant chaque jour à s'accroître, peut être appelée la société universelle du genre humain. De là quatre espèces de devoirs envers nos semblables : ceux qui nous sont prescrits sans exception envers tous les hommes, par cela seul qu'ils participent avec nous à toutes les facultés, à toutes les obligations, à tous les droits de la nature humaine ; ceux qui s'adressent particulièrement à la famille, ou que nous avons à remplir, non plus seulement en qualité d'hommes, mais en qualité de père, d'époux, de fils et de frères ; ceux qui trouvent leur place dans la société civile ou qui obligent les citoyens envers l'Etat et l'Etat envers les citoyens ; enfin ceux que les peuples, les Etats ou les gouvernements qui les représentent sont tenus d'observer les uns envers les autres et qu'on désigne dans leur ensemble sous le nom de droit international ou de droit des gens.

Pour se conformer à l'ordre que la logique lui impose, la morale sociale devrait s'occuper d'abord de nos devoirs envers les hommes en général ; car les devoirs qui appartiennent à cette classe sont le fondement nécessaire de tous les autres. Avant d'être père ou époux, frère ou fils, simple citoyen ou homme public dans un Etat, représentant et fondé de pouvoir d'une nation auprès des nations voisines, on est homme, et ce titre que nous sommes obligés de garder intact en nous-mêmes, il nous est commandé de le respecter chez nos semblables, quels qu'ils soient. Ce n'est qu'à la suite des devoirs qui découlent immédiatement de notre nature, que nous aurions à traiter des différentes sociétés que les hommes forment entre eux : d'abord de la famille, parce qu'elle se trouve le plus près de l'individu ; ensuite de l'Etat et enfin de la société universelle ; mais il faut remarquer que l'ordre logique n'est pas celui que nous présentent les faits ou la réalité. Dans la réalité, c'est la famille qui occupe le premier rang. Elle est la condition de toute éducation morale, par conséquent de toute relation sociale, de tout commerce d'humanité et de justice entre l'homme et son semblable. C'est donc à la famille qu'il convient de s'arrêter d'abord.

PREMIÈRE SECTION

LA FAMILLE

La famille, comme nous venons de le dire, est la première condition et par conséquent la première forme de la société, le premier pas que fait l'homme dans la vie morale et sans lequel il lui est impossible d'en faire aucun autre. Tant que la famille n'existe pas encore, comme chez les sauvages, ou qu'elle n'existe que d'une manière incomplète, comme chez les barbares, les mœurs restent brutales et grossières et il n'y a de place que pour la barbarie et la servitude. Les femmes sont l'objet d'un honteux trafic, on les entasse comme un bétail humain dans les marchés et dans les harems, ou on les charge des plus rudes travaux, tandis que les hommes, quand ils ne sont point occupés par la chasse et par la guerre, passent leur vie dans l'oisiveté. Les enfants, encore plus maltraités que les femmes, ou sont abandonnés au hasard, ou sont réduits à l'état d'esclaves et vendus en cette qualité à qui veut les payer. Dès l'instant, au contraire, que la famille est constituée sur sa véritable base, elle apporte avec elle non-seulement les sentiments et les mœurs, la tendresse et le respect qui font la dignité et le bonheur de la vie privée, mais les vertus civiles et religieuses qui sont la force et la grandeur des Etats.

La famille est comme un foyer dont la chaleur et

la lumière se répandent de proche en proche. C'est ainsi que la patrie n'est pour nous qu'une famille plus vaste, que nos concitoyens, qui partagent avec nous les mêmes droits, les mêmes devoirs, les mêmes espérances, les mêmes craintes, et qui vivent sous le charme des mêmes souvenirs, sont véritablement pour nous des frères, et qu'enfin la terre qui nous nourrit, qui porte dans son sein les cendres de nos aïeux, devient pour nous l'objet d'une piété toute filiale. C'est ainsi encore que Dieu nous apparaît comme le père commun de tous les hommes, la terre comme leur commun patrimoine et que, par suite de la même idée, nous sommes amenés à croire à la fraternité universelle du genre humain. Mais comment ces assimilations seraient-elles possibles si l'un des termes qu'elles supposent se trouvait supprimé, ou si les noms de père et de frère n'avaient plus pour nous leur signification propre et cessaient de répondre aux premiers souvenirs de notre enfance, aux premiers battements de notre cœur. Pour aimer la patrie comme une mère, il faut avoir une autre mère qui a été la tutrice et la providence de nos jeunes années; pour aimer tous les hommes comme des frères, il faut avoir senti véritablement l'amour fraternel. Dieu lui-même se déroberait à notre esprit, nous ne pourrions plus l'invoquer sous le nom de Père si nous étions condamnés à ne pas connaître celui qui est ici-bas sa terrestre image.

L'institution de la famille n'est pas moins nécessaire au bien-être matériel de la société qu'à son existence morale; car n'est-ce pas sur le travail que repose le bien-être des hommes ? Or, le travail n'a pas d'aiguillon plus puissant, plus opiniâtre et plus noble en même temps que le désir d'assurer le bonheur de ceux que nous aimons et dont nous sommes, en quelque sorte, la providence ici-bas. Que l'amour de la gloire, de la patrie, de l'humanité, ou quelque sentiment plus élevé encore, suffise aux âmes d'élite, qu'il soit le mobile ordinaire des grands travaux de la pensée ou des sacrifices de l'héroïsme, on le conçoit sans peine; mais livrés aux plus vulgaires occupations la plupart des hommes ont besoin d'être soutenus, excités par des affections plus positives. Il leur faut l'espérance de laisser à leurs enfants, à leurs compagnes, à leurs proches, les fruits de leurs sueurs et les signes matériels de leur dévouement; il faut que leur ambition puisse s'étendre au-delà des limites de leurs besoins et de leur existence sans cesser, en quelque façon, d'être personnelle; car nos enfans, c'est nous-mêmes revenus aux jours de notre jeunesse et mis en possession de l'avenir.

La famille, quand elle est complète, se compose de trois sociétés faciles à distinguer, bien qu'elles soient inséparables l'une de l'autre : la société qui résulte du mariage, autrement dite la société conjugale, celle du mari et de la femme; la société qui unit les parents avec les enfants; enfin la société qui unit les enfants entre eux. Chacune de ces sociétés apporte avec elle des devoirs particuliers, est soumise à des règles et à des conditions particulières.

Quand même le mariage ne serait qu'un moyen offert aux parents pour reconnaître leurs enfants et aux enfants pour reconnaître leurs parents, cela suffirait pour le rendre digne de notre respect, car l'homme n'a pas le droit d'abandonner ses enfants, comme l'autruche abandonne ses œufs sur le sable du désert. Mais il y a d'autres raisons qui font du mariage la plus sainte des institutions et le fondement nécessaire de la famille, comme la famille elle-même est le fondement de l'ordre social.

Il est défendu à la personne humaine, quelles que soient d'ailleurs sa misère et sa faiblesse, de se dégrader au rang d'une chose, d'abdiquer en quelque sorte son existence propre, de se dépouiller de son être moral pour servir uniquement aux plaisirs et aux passions d'autrui. Par une conséquence nécessaire de la même loi, il n'est pas moins coupable de réduire les autres, soit par la séduction, soit par la force, à cet état d'avilissement, ou, quand ils y sont déjà, de contribuer à les y maintenir. Or, le mariage est le seul moyen d'éviter cette double infraction à la loi morale, car le mariage, c'est un engagement par lequel deux êtres de sexe différent mettent en commun, pour toute la durée de leur vie, leurs âmes et leurs corps, leurs volontés et leurs personnes, en un mot toute leur existence. Dans cette communauté d'existence, résultat d'une donation réciproque de soi-même, aucun des deux n'est sacrifié à l'autre, mais ils restent étroitement unis par les mêmes droits et les mêmes devoirs. Le mariage, tel qu'il existe dans les desseins de Dieu et tel que le réclame le cœur de l'homme, c'est l'amour et le devoir confondus de telle sorte qu'on ne puisse plus les distinguer l'un de l'autre. C'est l'amour sanctifié, purifié par le devoir ; c'est le devoir armé de toutes les forces et paré de toutes les grâces de l'amour. Tous les devoirs du mariage se ramènent à un seul : dévouement réciproque et, par conséquent, égale fidélité des deux époux. Mais ce dévouement, en raison de la diversité des facultés, ne s'exerce pas de la même manière. Chez le mari, il se manifeste par la protection, l'activité, le courage, l'esprit de décision ; chez la femme, par la douceur, la résignation et la patience. Cette différence n'en assurera que mieux l'accord des volontés et des intelligences.

XV

Devoirs des parents envers les enfants. — Subsistance, entretien, instruction, éducation. — Éducation par les bons exemples. — Les devoirs des parents envers les enfants sont la source des droits qu'ils exercent sur eux ou le fondement de l'autorité paternelle. — Des limites de l'autorité paternelle selon la raison ou la loi naturelle et selon le Code. — Comment cette autorité a varié chez les différents peuples et aux différentes époques de l'histoire.

Au devoir du mari et de la femme se joignent bientôt, selon le cours ordinaire de la nature, ceux du père et de la mère, ceux des parents envers les enfants. Les devoirs que nous avons à remplir envers nos enfants ne datent pas du moment où ils ont vu le jour, ils commencent même avant leur naissance. La vie humaine, en effet, est une chose si sainte, elle nous représente une tâche si élevée et si difficile, qu'il n'est presque pas plus coupable de l'ôter sans justice et sans droit à celui qui la possède, que de la donner dans des conditions où il est impossible qu'elle atteigne son but, où elle n'a aucun moyen de se conserver, où elle est fatalement condamnée à être un tissu d'afflictions, de hontes et de misères. Il y a une loi qui punit les parents dénaturés qui abandonnent leurs enfants; mais n'est-ce pas aussi une espèce d'abandon que de leur donner la vie sans être en état de satisfaire leurs besoins et de pourvoir à leur subsistance? Appeler à l'existence un être humain, c'est prendre l'engagement de veiller sur sa conservation, de fournir tout ce qui est nécessaire à son développement et à son entretien, de cultiver ses facultés, de le préparer à supporter toutes les épreuves et à remplir tous les devoirs de la vie, jusqu'à l'heure où, devenu capable de se suffire et prenant, pour ainsi dire, possession de lui-même, il ne dépend plus de nous que par les liens du respect et de la reconnaissance. En d'autres termes, par les lois de la morale, le mariage n'est pas permis à ceux qui ne sont pas en état de nourrir leurs enfants, de les élever, de leur donner un certain degré d'instruction et d'éducation et une profession capable d'en faire des membres utiles et honnêtes de la société.

Il faut que la prévoyance des devoirs qui nous attendent précède la naissance de nos enfants ; mais elle ne doit pas dégénérer en une pensée d'orgueil, en un calcul d'ambition capable de nous détourner de ces devoirs eux-mêmes et du mariage, qui en est l'origine. Nous ne sommes pas tenus de donner à nos enfants une fortune et une position supérieures à celles dont nous nous contentons pour nous. Il suffit, par exemple, qu'un ouvrier laborieux et honnête, après avoir élevé son fils de manière à ne pas le laisser manquer du nécessaire, lui enseigne le métier qui le fait vivre et qui soutient sa famille. Montesquieu a dit : « Le père est obligé de nourrir et d'élever son enfant; il n'est pas obligé de le faire héritier. » Rien n'est plus vrai. On peut ajouter que l'honnête ouvrier dont nous parlons a mieux rempli ses devoirs que certains riches, plus occupés des héritages que des héritiers qu'ils laissent après eux.

Nourrir son enfant, l'élever jusqu'à l'âge où il peut se suffire à lui-même et lui enseigner une profession, ce n'est encore que la vie matérielle ou le pain du corps; mais au pain du corps il faut joindre celui de l'âme et de l'intelligence, à l'éducation physique et industrielle l'éducation morale et l'instruction. L'instruction, tous les parents ne sont pas aptes à la donner par eux-mêmes; voilà pourquoi les sociétés bien organisées y pourvoient par des écoles publiques où l'enfant du pauvre, aux frais de la communauté, et l'enfant du riche, aux frais de sa famille, reçoivent le degré de culture qui convient à chacun d'eux, qui s'accorde le mieux avec leurs facultés et leur position respective. Mais aucune puissance humaine ne peut nous dispenser de donner à nos enfants l'éducation morale. Ici les livres et les maîtres sont insuffisants. Aucun livre, aucun maître ne pourra remplacer les exemples de probité, de piété et de sagesse que doit offrir notre vie. L'éducation morale n'est complète que si elle est l'œuvre simultanée du père et de la mère, sévère et grave de la part de l'un, indulgente et tendre de la part de l'autre. Ce n'est pas trop de faire concourir à cette tâche difficile l'autorité qui commande et la persuasion qui charme, la fermeté qui exige et la patience qui doit attendre, la raison qui éclaire et l'amour qui soutient et console. Ce n'est qu'à cette condition que les parents se retrouveront tous deux et resteront unis dans leurs enfants et que la femme conservera dans la famille cette égalité morale qui fait la sainteté du mariage.

L'obligation que la raison impose aux parents de nourrir et d'élever leurs enfants est l'unique source de leurs droits, droits communs au père et à la mère, bien qu'on ait l'habitude de les désigner sous le nom d'autorité paternelle. A ne consulter que la loi naturelle, qui n'est que la raison elle-même ou la loi morale, dégagée de toutes les conventions humaines, il est impossible de donner un autre fondement à cette autorité, si terrible dans l'antiquité, si absolue dans les lois romaines et par laquelle on a quelquefois essayé de justifier l'esclavage. On ne conçoit pas, en effet, que le seul fait d'avoir écouté un aveugle instinct me donne sur une créature humaine un pouvoir sans bornes et fasse taire cette règle absolue de la morale, selon laquelle il n'y a point de droits sans devoirs. Ce que je dois à celui qui m'a donné le jour no va pas jusqu'à détruire en moi le caractère de la personne humaine, jusqu'à m'ôter l'usage de ma liberté et de mon intelligence, jusqu'à faire de moi une vile propriété. Que deviendrait, avec une pareille doctrine, l'idée même de la justice et du droit? L'autorité paternelle est donc entièrement subordonnée aux devoirs du père envers l'enfant. Elle est la condition et, si l'on peut ainsi parler, l'instrument de l'éducation; par conséquent, la tâche de l'éducation une fois remplie, elle doit cesser avec elle. L'enfant devenu homme demeure toujours uni à son père et à sa mère par toutes sortes d'obligations; il ne leur doit plus l'obéissance. C'est pour cela que notre Code a désigné un âge, celui de vingt-un ans, où cette émancipation est légalement reconnue; pour un seul acte, celui du mariage, la minorité est prolongée jusqu'à vingt-cinq ans.

Ce n'est pas encore tout : même dans les limites où nous venons de la circonscrire, l'autorité paternelle ne peut pas être absolue, mais il faut qu'elle s'accorde avec les intérêts et les lois les plus essentiels de la société. La société est obligée d'intervenir entre le fort et le faible, entre l'enfant et l'homme fait; elle a pour tâche de faire triompher partout l'ordre et la justice ; à ce titre, elle a le droit de régler dans une certaine mesure les rapports des pères et des enfants C'est même une nécessité pour elle d'user de ce droit, sous peine de compromettre sa propre existence ; car telle est la constitution de la famille, telle est celle de la société tout entière; telle est l'éducation qu'on donne à l'enfance et à la jeunesse, tel sera dans l'avenir l'esprit public, telles seront les institutions et les mœurs. Il est évident, par exemple, que le droit d'aînesse établi dans les familles a pour conséquence nécessaire l'aristocratie dans l'État. Au contraire, l'égalité entre les enfants d'un même père, quand elle est consacrée par les mœurs, amènera bientôt à sa suite l'égalité civile et politique. Voilà pourquoi le Code Napoléon a fixé une limite au droit de tester. Les mêmes réflexions s'appliquent à l'éducation. Des générations élevées dans le mépris des lois qui devront les gouverner un jour, dans la haine des institutions sur lesquelles repose l'ordre actuel de la société, ne se feront pas scrupule de les changer et ne reculeront pas devant les révolutions.

Ainsi que tout ce qui appartient à la vie morale de l'homme, ainsi que l'homme lui-même et la société, l'autorité paternelle a son histoire. D'abord les enfants ne sont que la propriété, c'est-à-dire les esclaves de leurs pères. De là, le nom même de famille (*familia*, primitivement *famulia*, de *famulus*, esclave); un nom qui exprime parfaitement ce qu'était cette institution dans la vieille société romaine. Le père avait droit de vie et de mort sur ses enfants, comme le mari sur sa femme. Son terrible pouvoir s'étendait à la fois sur son fils, sur la femme en puissance de ce fils, sur les enfants de ce dernier et sur tous ses biens. L'autorité paternelle, chez les peuples de l'Orient, chez les Indiens, les Perses et même les patriarches hébreux, avait la même étendue et se revêtait en outre d'un caractère religieux qui donnait à tous ses actes une consécration divine. Dans d'autres contrées, par exemple à Sparte, où l'autorité paternelle était remplacée par celle de l'Etat, la situation des enfants était la même. On les conservait, on les élevait, on les instruisait, non pour eux, mais pour la république, pour en faire, non des hommes, mais des guerriers et des citoyens. Aussi n'éprouvait-on aucun scrupule à les détruire quand, dès leur naissance, leurs forces ne répondaient pas à ce qu'on attendait d'eux. Plus tard, sous le règne de la féodalité, les intérêts généraux de l'homme et ce qu'on peut appeler la justice domestique, l'égalité qui doit exister entre les enfants d'un même père, se trouva sacrifiée à l'intérêt de caste. Au fils aîné passaient le nom, les dignités, la fortune du père; le reste devenait ce qu'il pouvait : le père s'effaçait devant le seigneur et les enfants disparaissaient devant l'héritier. Seule, la législation moderne, et particulièrement la législation française, a réglé avec justice les rapports de la famille, en renfermant dans sa véritable destination l'autorité paternelle, et en consacrant pour les enfants ce principe d'égalité qui, sauf quelques exceptions d'ailleurs admises par le Code, est tout à la fois dans les devoirs et dans les sentiments naturels des parents.

XVI

Devoirs des enfants envers les parents. — Devoirs des enfants, tant qu'ils sont mineurs : obéissance, amour et respect. — Devoirs des enfants après leur émancipation : reconnaissance et piété filiale.

Si les parents ont des devoirs à remplir envers leurs enfants, les enfants en ont aussi envers leurs parents. Le premier de ces devoirs, pour les enfants encore placés sous l'autorité paternelle, c'est l'obéissance : car comment les parents pourraient-ils remplir la tâche que la société et la nature leur imposent; comment seraient-ils capables d'élever leurs enfants, de les former, de les instruire, de les guider vers le but de la vie, si leurs ordres étaient méprisés, leurs conseils impuissants, leur autorité méconnue? Mais l'obéissance acceptée comme un devoir, ce n'est pas simplement l'exécution matérielle de la loi qu'on a reçue et qu'on est obligé de subir, c'est la soumission intérieure du cœur et de la volonté, c'est la résolution libre et réfléchie de faire ce qui nous est commandé, dans la persuasion que ce qui nous est commandé a pour unique but notre bien. En d'autres termes, l'enfant docile à la voix de ses parents, doit se confier tout entier à leur raison, à leur tendresse, à leur prévoyance, et se dire à lui-même qu'il n'a point sur la terre de guides plus dévoués et plus sûrs. S'ils se trompent, il saura que ce n'est pas à lui qu'il appartient de les redresser; il attendra que le temps, l'expérience et la tendre sollicitude dont il est pour eux l'objet, leur apportent de nouvelles lumières.

Mais comprendre ainsi l'obéissance filiale, c'est la rendre inséparable du respect et de l'amour. Comment, en effet, ne pas respecter ceux qui sont au-dessus de nous par leurs vertus, leur sagesse, le nombre de leurs années, les devoirs même qu'ils ont à remplir à notre égard et l'autorité morale qui en est la conséquence? D'un autre côté, comment n'être point pénétré d'amour et de reconnaissance pour ceux à qui nous devons tout, non-seulement la nourriture du corps, mais celle de l'âme et de l'intelligence, non-seulement une place dans la vie, mais un rang dans la société, un nom honoré qui tout à la fois nous encourage et nous protége, et qui, pour nous procurer ou nous conserver tous ces biens, n'ont reculé devant aucun sacrifice, ne se sont épargné aucune privation, et ont soutenu vaillamment les épreuves inséparables de l'existence humaine?

L'obéissance, l'amour, le respect, quand ils sont ainsi réunis en un même sentiment, ont un caractère presque religieux, et ressemblent au culte que nous rendons au Père commun de tous les êtres, comme l'autorité paternelle a quelque chose de la majesté de l'autorité divine. Ce n'est donc pas sans raison que les obligations des enfants envers les auteurs de leurs jours ont été toutes comprises sous le nom de piété filiale.

Cependant, des trois éléments qui se rencontrent et se confondent dans la piété filiale, il y en a un qui ne peut durer toute la vie. L'obéissance, comme nous l'avons déjà remarqué, ne doit pas se prolonger au-delà de l'œuvre de l'éducation, dont elle est la condition indispensable. Elle cesse de plein droit quand cette œuvre a été accomplie, quand le but dans lequel elle nous est prescrite a été atteint, quand l'enfant, devenu homme, entre en jouissance de toutes ses facultés. L'autorité du père sur son enfant est comme une délégation d'en haut, mais une délégation temporaire, une mission morale et religieuse dont le terme est marqué par la loi humaine aussi bien que par la loi divine, c'est-à-dire celle que Dieu a inscrite dans notre conscience. Mais entre ce père qui n'a plus le droit de commander et ce fils qui n'est plus obligé d'obéir doivent subsister jusqu'à la mort les liens du respect, de l'amour et de la reconnaissance, ce que la piété filiale a de plus inaltérable et de plus spirituel, ce que le dévouement a de plus désintéressé, parce qu'il prend sa source dans le souvenir des bienfaits passés, et non dans l'espérance des bienfaits à venir.

Ces sentiments, comme nous venons de le dire, ne sauraient admettre un autre terme que celui de notre existence, ni souffrir d'autres interruptions que celles qui atteignent la conscience elle-même. Mais il y a dans notre vie une circonstance solennelle où ils doivent surtout se manifester : c'est à l'occasion de notre mariage. Ce n'est pas sans raison que la loi a reculé pour le mariage la minorité des enfants jusqu'à l'âge de vingt-cinq ans. Le choix d'une femme ou d'un mari par un des jeunes membres de la famille n'est pas un acte purement personnel, il apporte un changement considérable à la famille entière. Il n'est pas juste que ce changement puisse être accompli par les uns sans être accepté par les autres. Encore bien moins est-il permis d'introduire au foyer domestique, sous les noms et avec les droits les plus sacrés, des êtres indignes de s'y asseoir, capables de le déshonorer ou seulement d'en troubler la paix et l'harmonie. Il faut donc, lorsque cette grave circonstance se présente, courber volontairement notre tête sous l'autorité vénérée d'un père ou d'une mère, les consulter avec déférence et avec tendresse, et, si nous les voyons en proie à d'aveugles préventions, essayer de les convaincre. La résistance ne devient légitime qu'après que nous avons épuisé tous les moyens de persuasion et lorsque nous sommes en face d'un préjugé opiniâtre, d'une prétention injuste, orgueilleuse, tyrannique, qui, sans profit pour le respect dû à notre nom, tendrait à ruiner notre bonheur.

XVII

Devoirs des enfants entre eux. — Liens naturels que crée entre eux la communauté d'origine et d'éducation. — Sentiments naturels qui en sont la suite. — Devoirs qui répondent à ces sentiments. — Devoirs mutuels des frères et des sœurs. — Devoirs des frères et des sœurs ainés envers les plus jeunes. — Amitié et solidarité de la famille.

Enfin, pour en avoir fini avec la morale de la famille, il nous reste une dernière question à traiter, celle des devoirs que les enfants, à quelque âge qu'ils soient parvenus, ont à remplir les uns envers les autres.

On peut considérer d'abord comme une proposition

inadmissible que ceux qui portent dans leurs veines le même sang, qui ont été nourris et qui ont grandi ensemble près du même foyer, qui ont participé aux mêmes joies et aux mêmes douleurs, qui ont été façonnés de la même main et soumis à la même règle, dont l'âme aussi bien que le corps est formée, en quelque sorte, de la même substance, ne sont pas liés entre eux par des obligations plus étroites que le reste des hommes. Une telle opinion, si l'esprit pouvait l'accepter un seul instant, soulèverait d'abord contre elle les sentiments les plus naturels et les plus énergiques du cœur humain. La communauté d'origine et d'éducation, la plus complète communauté d'existence, prolongée pendant de longues années, développe dans les âmes une mutuelle tendresse, un réciproque dévouement, une confiance sans bornes qui font qu'on se retrouve soi-même dans celui à qui l'on est attaché par tous ces liens et que nous comptons sur lui comme il peut compter sur nous. C'est pour cela qu'à un ami véritable nous donnons le nom de frère, parce qu'un frère, comme on l'a très-bien dit, est un ami donné par la nature. C'est pour cela aussi que la fraternité humaine est l'expression du plus haut degré d'union et de bienveillance qui puisse exister entre les hommes.

Mais comment la fraternité, qui n'est que la charité sous un autre nom, pourrait-elle s'étendre de proche en proche à tous les hommes, si elle ne commençait pas par régner dans la famille? Comment la famille elle-même pourrait-elle subsister sans elle, puisqu'elle est le résultat nécessaire de son organisation et une des forces qui contribuent le plus efficacement à sa durée. Or, il est impossible d'admettre qu'une vertu sur laquelle repose, non-seulement la famille, mais la société humaine en général, puisse se dispenser d'agir et rester à l'état de sentiment. Il n'y a donc de fraternité véritable que celle qui se manifeste par des œuvres ou par de mutuels sacrifices. Celui-là n'aime pas son frère qui n'est pas prêt en toute circonstance à se confier à lui ou à recevoir de lui la communication de ses soucis et de ses peines, à le secourir de ses conseils, de son crédit, de sa fortune, de ses bras, de sa présence, et à lui demander le même appui le jour où il en aura besoin. Il en est de la fraternité comme de la foi : celle qui n'agit pas est morte. Comment, d'ailleurs, se refuser à pratiquer un vertu si douce? Il n'en est pas qui apporte plus sûrement avec elle sa récompense, s'il est vrai que le cœur humain a besoin d'affection, et si de toutes les affections que nous pouvons ressentir, les plus durables et les plus vives sont celles qui sont nées et qui ont grandi avec nous. Mais jamais le sentiment fraternel n'a autant de puissance et de grâce que dans les rapports qu'il établit entre un frère et une sœur. Il semble qu'on ne puisse trouver que dans le ciel quelque chose de comparable à ce commerce, plus tendre que l'amitié, pur des orages et des convoitises de l'amour.

L'amour fraternel n'est pas renfermé tout entier dans cette réciprocité d'assistance et de pieux attachement. Il est parfois obligé, pour remplir tous ses devoirs, de s'élever à une abnégation plus complète et d'accepter pour une sœur la tâche d'une mère, pour un frère celui d'un père. C'est lorsque les deux chefs de la famille ont disparu et qu'aucun de leurs proches n'a la faculté ou la volonté de les remplacer. Dans cette cruelle situation, c'est aux aînés des enfants de continuer leur œuvre à l'égard des plus jeunes; c'est à ceux qui ont déjà recueilli les fruits de la tutelle paternelle, qui ont déjà reçu les précieux bienfaits de l'éducation, de les transmettre aux orphelins que le sort en a privés. Le patrimoine d'une famille n'est pas représenté uniquement par les biens matériels qu'elle est appelée à se partager; il consiste avant tout dans cette communauté de vie, de pensée, de sentiments, d'affections et d'honneur qui est l'œuvre de l'éducation domestique et qui suit l'accomplissement des devoirs parternels. Or, comme il serait injuste que l'héritage réservé à tous ne fût recueilli que par quelques-uns et même par un seul, il faut bien que les premiers nés, s'ils ne veulent se rendre coupables d'usurpation, y fassent participer les derniers. Ce serait manquer à une des plus saintes obligations de l'amour paternel que de leur appliquer ce mot d'un célèbre économiste : « Tant pis s'ils sont venus trop tard; il n'y a pas de couvert pour eux au banquet de la vie. »

A défaut d'amour, le sentiment de l'honneur suffirait à lui seul pour consacrer ce devoir; car nul ne peut rester insensible à l'infamie qui couvre son nom. Or, le nom d'une famille est exposé à d'inévitables souillures si elle permet que quelques-uns de ses membres restent livrés sans défense à l'action doublement fatale de l'ignorance et de la misère. Cette solidarité est quelquefois un fardeau; mais elle est plus souvent une protection et une sauvegarde; elle fait la force et la durée de la famille, qui fait à son tour la force de l'Etat. C'est en vain qu'on essayerait de l'y soustraire; l'opinion nous l'impose malgré nous, et l'opinion n'est ici que l'interprète de la nature.

DEUXIÈME SECTION

LA SOCIÉTÉ EN GÉNÉRAL — DEVOIRS DE L'HOMME ENVERS SES SEMBLABLES HORS DE LA FAMILLE

XVIII

La famille suppose la société humaine en général. — La vie sociale est la condition et le complément nécessaire de la vie domestique. — Par nécessité et par instinct, par toutes ses facultés, l'homme est un être essentiellement sociable. — L'état de nature, tel que l'ont compris certains philosophes, n'a jamais existé.

La société, comme nous l'avons remarqué, commence par la famille; mais elle ne peut pas s'y arrêter. La famille ne subsisterait pas un instant si hors de son sein l'homme n'avait avec ses semblables aucune relation, aucune communauté d'intérêt, de besoins, de sentiments, de pensée et par conséquent aucun ménagement à garder, aucune obligation à remplir. Incapable de se suffire à elle-même, dans l'ordre physique comme dans l'ordre moral, et ne rencontrant autour d'elle que des ennemis, elle serait vouée à une destruction certaine ou s'éteindrait, si elle avait pu commencer, dans une incurable misère.

Il y a plus, la famille ne se formerait pas sans un instinct général de sociabilité, sans un respect profond de la nature humaine, sans la conviction plus ou moins réfléchie que les hommes se doivent les uns aux autres, et ont été créés pour se servir mutuellement. Si cette conviction n'existait pas en nous et si la société de nos semblables n'était pas le premier de nos besoins, comment s'expliquerait-on que l'homme et la femme, après avoir obéi à la loi de la nature qui les rapproche accidentellement, puissent rester unis pendant toute leur vie et soient encore nécessaires l'un à l'autre après que l'âge a calmé leur imagination et leurs sens ? N'est-ce pas la société qui, dans l'intérêt de sa propre conservation et par respect pour la dignité humaine, dont elle est la sauvegarde, a consacré le mariage et a imposé aux parents l'obligation d'élever leurs enfants? Or, lorsqu'on cherche quel est le but de l'éducation, on s'aperçoit qu'il n'y en a pas d'autre que de former des hommes capables de tenir leur place avec honneur et de remplir une tâche utile au milieu de leurs semblables. Ajoutez à cela que les devoirs de la famille, tels que les conçoit la raison, sont complétement d'accord avec ce que la société exige par ses lois. Donc, les principes sur lesquels la société repose sont le fondement véritable, la condition suprême de la famille, et la famille n'aurait aucune raison d'être si elle ne préparait l'homme pour la société, dont chacune de ses lois particulières, dont chacune de ses obligations suppose déjà l'existence.

La société, à son tour, serait un fait inexplicable si elle n'avait ses racines dans la nature humaine, si l'homme n'était pas constitué de telle sorte qu'il lui soit impossible de vivre hors de son sein, ou s'il n'était pas un être éminemment sociable. Or, la sociabilité humaine est chose tellement évidente que c'est à peine si elle a besoin d'être démontrée. Elle résulte de toutes nos facultés, de nos facultés physiques aussi bien que de nos facultés morales : elle est attestée par tous nos besoins, par tous nos sentiments et par les lois de notre intelligence. Physiquement, il est impossible à l'homme de vivre, de se conserver, de se défendre contre les rigueurs de la nature et les attaques des bêtes féroces sans le concours de la société. Moralement, la solitude lui est aussi odieuse que la mort et rien ne lui est plus nécessaire que d'entendre la voix, que de contempler les traits de ses semblables. Son cœur est plein de sentiments et d'affections naturelles qui ne peuvent trouver satisfaction que lorsqu'ils sont partagés. S'il est obligé de les refouler en lui-même, ils se changent pour lui en supplice et en folie. On a vu des criminels, condamnés à la prison cellulaire, perdre la raison et l'usage de la parole par cela seul qu'ils cessaient d'entendre la voix humaine. Enfin, l'homme est tout à la fois un être pensant et un être parlant. La pensée, chez lui, pour atteindre à un certain degré de développement et ensuite pour se conserver dans cet état, a besoin du secours de la parole. Or, la parole suppose nécessairement les relations sociales. Aussi la célèbre proposition de J.-J. Rousseau : « L'homme qui médite est un animal dépravé, » n'est-elle qu'un simple corollaire du paradoxe que la société est un état contre nature.

Si l'homme est un être essentiellement sociable, on ne risque rien d'affirmer que la société est aussi ancienne que lui, ou qu'il a toujours vécu et vivra toujours en société comme le poisson dans l'eau. En effet, l'expérience nous atteste qu'on ne l'a jamais rencontré dans une autre condition. Les sauvages même nous offrent un commencement d'ordre social, puisqu'ils vivent réunis par tribus, dont chacune a son chef, dont chacune a ses usages et ses traditions qui lui tiennent lieu de lois. Les rares créatures humaines qu'on a trouvées isolées au milieu des bois, dans un état complet de mutisme et d'abrutissement, étaient des enfants abandonnés par des parents sans entrailles.

La société n'est donc point une œuvre artificielle, résultat d'une pure convention, ainsi que l'ont soutenu quelques philosophes, particulièrement Hobbes et J.-J. Rousseau. On peut dire qu'elle est d'institution divine, puisque c'est Dieu qui l'a fondée en créant le genre humain ; elle est le seul état naturel de l'homme, et ce que les philosophes dont nous venons de parler ont appelé l'état de nature, pour le distinguer de l'ordre social qu'il aurait précédé, non-seulement n'a pas existé, puisqu'il n'a laissé aucune trace dans les plus lointains souvenirs de l'humanité, mais est absolument impossible à concevoir. Comment s'expliquer, en effet, que l'homme, étant né sociable, ait vécu pendant des siècles dans une autre condition, ou qu'ayant été destiné à une autre condition, il ait conçu l'idée et se soit trouvé capable de fonder la société ? Admettons pour un instant cette dernière hypothèse. Si la société n'est pas naturelle, on a eu sans doute raison d'affirmer qu'elle est le résultat d'une convention. Mais qui est-ce qui comprendra qu'une convention ait pu se former entre des êtres isolés, privés de la parole et de tout autre langage, répandus sur toute la surface de la terre et que leurs instincts solitaires, une défiance farouche, ont nécessairement portés à se haïr mutuellement ? Toute convention entre les hommes suppose donc la société déjà formée, d'où il résulte que la société est antérieure à toute convention.

XIX

Les relations de la société sont, comme les actions individuelles, soumises à la loi du devoir. — Fondement des devoirs de l'homme envers ses semblables : communauté de nature ; communauté de destinée, fraternité humaine. — Le rôle de chaque homme à l'égard de ses semblables est de favoriser de tout son pouvoir l'accomplissement de leurs devoirs et de leur destinée.

Une société composée d'êtres libres et intelligents,

qui sont obligés d'obéir aux lois de la raison, a évidemment ces mêmes lois pour fondement et ne subsiste qu'à la condition de les observer : ce qui revient à dire que la société tout entière, comme chacun des individus dont elle est formée, est soumise aux prescriptions absolues de la loi morale, à la règle immuable du devoir. Par conséquent, nous avons des devoirs envers les autres comme envers nous-mêmes ; les premiers sont implicitement renfermés dans les derniers ; ils découlent du même principe et tendent à une même fin.

En effet, pourquoi appelons-nous tous les hommes nos semblables ? Parce que, sous les différences extérieures qui les distinguent les uns des autres et qui les partagent en plusieurs races, nous reconnaissons chez eux une commune nature, des facultés identiques par leur essence, quoique très-inégales par leur développement et leur puissance native. De l'identité de leurs facultés résulte nécessairement l'identité de leurs devoirs. C'est la même raison qui les éclaire dès qu'ils ouvrent les yeux à sa lumière. C'est la même conscience qui leur commande le bien et qui leur défend le mal aussitôt qu'ils prêtent l'oreille à sa voix. C'est la même liberté qui les rend responsables de leurs actions et leur donne le pouvoir de choisir entre les lois de la raison et les conseils de l'intérêt, ou les séductions de la passion. Ce serait déjà un motif suffisant de nous respecter, de nous aimer les uns les autres, puisque nous portons tous en nous les titres qui nous commandent ces deux sentiments à l'égard de la nature humaine. Mais ce motif n'est pas le seul.

Les devoirs que la raison prescrit à chacun de nous envers lui-même peuvent se résumer, comme nous l'avons vu, dans un seul, qui en est l'expression la plus complète et la fin la plus élevée : porter la nature humaine, considérée dans l'ensemble de ses facultés, au plus haut degré de perfection dont elle est susceptible; la rapprocher de plus en plus de l'idéal immortel qu'elle porte dans son sein. Or, comment supposer que, sans le secours de nos semblables, livrés à nos seules forces, à notre seule intelligence, nous puissions suffire à une pareille tâche ? Ce n'est pas trop, pour l'accomplir, des efforts réunis de tous les hommes et de leur mutuel concours prêté sans interruption et sans relâche. A ce but commun, qui n'est pas autre chose que la commune destinée du genre humain, nous ne pourrons atteindre qu'en nous appuyant les uns sur les autres, qu'en nous entr'aidant de toute notre énergie et de toutes nos forces.

Nous voilà donc, sur toute la terre, à l'égard de chacun de nos semblables, dans la même situation que le frère à l'égard de son frère au sein de la même famille. Issus d'une même origine, puisque nous avons dans le ciel un seul père; unis par la communauté de nos sentiments, de nos affections, de nos idées, de nos besoins, de nos devoirs, puisque nous avons été créés avec les mêmes facultés; enfin, appelés à l'accomplissement d'une seule et même destinée et soutenus dans notre commun labeur par les mêmes espérances, comment ne formerions-nous pas une seule et même famille, à plus forte raison un seul et même peuple de frères ? La fraternité du genre humain, attestée par une tradition religieuse, peut donc être considérée aussi comme une vérité évidente de la conscience. Enseignée dans l'Ancien et le Nouveau Testament, elle a été proclamée également par les philosophes stoïciens de Rome et de la Grèce, et par Cicéron, qui leur a emprunté les principes les plus élevés de leur morale.

Mais ce n'est pas assez que la fraternité humaine soit acceptée par notre raison comme un principe, ou qu'elle existe au fond de nos cœurs à l'état de sentiment, il faut qu'elle se manifeste dans nos actes et devienne la règle suprême de nos relations avec nos semblables, soit dans la vie publique, soit dans la vie privée. Tous les hommes, sans distinction de rang, d'origine, de nationalité, de croyance, sont donc obligés de s'entr'aider de toute l'énergie de leur volonté, de toutes les lumières de leur intelligence, dans l'accomplissement des devoirs qui les unissent entre eux et qui leur imposent, comme nous venons de le montrer, les mêmes conditions d'existence, la même tâche à remplir, la même destinée. Cela même ne suffit pas; car l'inégalité qu'on remarque dans la famille entre les aînés et les plus jeunes des enfants, existe aussi dans l'humanité entre les individus, les races, les peuples les plus intelligents, les plus instruits, les plus forts, les plus heureux, et ceux qui sont restés les jouets de l'ignorance, de la misère et de leurs propres faiblesses. N'est-il donc pas juste que les premiers nés de la science, de la civilisation, de la puissance, de la fortune, accordent à leurs frères moins avancés la même protection qu'on exige de ceux qui n'ont que la supériorité de l'âge ? Non-seulement cela est juste, mais cela est nécessaire. Si nous ne partageons pas avec nos semblables restés en arrière de nous, nos vertus, nos lumières, notre bien-être, ils partageront avec nous, leurs vices, leurs erreurs et leurs infirmités. Solidaires les uns des autres dans la mesure que comporte notre responsabilité personnelle, nous expions à la fois le mal que nous avons fait et le bien que nous avons négligé de faire.

XX

Distinction des devoirs de justice et des devoirs de charité. — Les devoirs de justice reposent sur cette maxime fondamentale : « Ne faites pas à autrui ce que vous ne voudriez pas qu'on vous fît. » Ils consistent à rendre à chacun ce qui lui appartient et à respecter le droit d'autrui. — Corrélation nécessaire des idées de droit et de devoir. — Énumération des principaux droits de la personne humaine et des devoirs qui en sont la conséquence.

Toutes nos obligations envers nos semblables peuvent se résumer en deux mots : justice et charité. La justice consiste à nous abstenir de leur faire du mal, la charité à leur faire tout le bien qui est en notre pouvoir. Il n'est pas un seul de nos devoirs envers la société qui ne rentre dans l'une ou dans l'autre de ces deux vertus. Elles sont, par conséquent, également nécessaires ; car il n'y a pas un devoir qui ne le soit ; elles sont inséparables, puisque la loi morale, dont elles sont la plus haute expression, est indivisible. Mais on comprend qu'il soit impossible de faire le bien si l'on ne commence par fuir le mal et que logiquement la charité suppose la justice.

Tous les devoirs que la justice nous impose ont été réunis dans ce seul précepte : « Ne faites pas à autrui ce que vous ne voudriez pas qu'on vous fît. » La justice ayant pour première condition la réciprocité, dont la conséquence est de placer les autres sous la protection des mêmes lois que nous revendiquons pour nous-mêmes, il était impossible de l'enseigner sous une forme plus vive et plus populaire. Aussi la maxime que nous venons de citer, consacrée également par la religion et par la philosophie, puisqu'on la trouve dans les livres de Confucius comme dans ceux de l'Ancien Testament, a-t-elle passé à l'état d'un axiome incontesté.

Cependant il est difficile de se persuader que ce que nous estimons un mal pour nous soit la seule mesure de ce que nous devons regarder comme criminel à l'égard des autres. N'y a-t-il pas des hommes qui souffrent plus d'un dommage matériel que des plus cruelles atteintes portées à leur honneur, à leur dignité, à leur liberté? Pour ceux-là, la justice se réduirait donc à respecter la vie, la propriété, le bien-être de leurs semblables; mais il leur serait permis de les tenir dans l'abaissement et dans la servitude, parce qu'eux-mêmes ne sont point sensibles à cette sorte d'outrages? Si cette proposition est inadmissible, si le juste et l'injuste ne sont point susceptibles de varier suivant nos dispositions et nos sentiments personnels, ce que nous ne voulons pas qu'on nous fasse n'est pas l'expression dernière de ce que nous ne devons pas faire aux autres, et nous sommes obligés de donner à la justice une base plus ferme et plus précise. Cette base, nous la trouvons dans la notion de droit.

Dès qu'on reconnaît que l'homme a des devoirs, il est impossible de ne pas reconnaître en même temps qu'il a des droits. Droit et devoir sont deux notions corrélatives qui se supposent et s'appellent réciproquement; de sorte que notre esprit est dans la nécessité ou de les accepter ou de les repousser ensemble. Ils nous représentent le même principe, la même loi, la loi morale, sous deux aspects différents. En effet, ce que la loi morale m'ordonne de faire, ce qu'elle me prescrit comme un devoir, elle défend aux autres de l'empêcher, d'y mettre obstacle par quelque moyen que ce soit; elle me déclare inviolable dans l'usage que je fais de mes facultés pour lui obéir; et cette inviolabilité empruntée à mes obligations et limitée par elles, voilà précisément ce qui constitue mon *droit*. Supprimez la notion de droit, mes devoirs n'ont plus rien d'absolu ni de nécessaire, puisqu'on pourra sans injustice, si l'on est plus fort que moi, m'empêcher de les remplir. Supprimez le devoir, la notion de droit sera complétement incompréhensible, car d'où me pourrait venir une telle consécration, sinon d'une loi absolument obligatoire, et par conséquent universelle, à l'accomplissement de laquelle je dois employer toutes mes facultés et toute mon existence ? Comment mes facultés, comment ma vie et ma personne même seraient-elles pour les autres un objet de respect, si elles n'avaient pas une destination marquée d'avance par cette loi supérieure qui commande à tous les intérêts, à toutes les passions, et qui oblige indistinctement tous les hommes ?

Il résulte de là que chacun des devoirs que nous avons à remplir envers nous-même et que la conscience nous impose comme une conséquence rigoureuse de notre nature, comme une condition absolue de l'ordre moral, apporte avec lui un droit de même espèce, un droit imprescriptible et inaliénable, c'est-à-dire que rien ne peut nous faire perdre, tant que nous n'en faisons pas un usage contraire à son principe, et auquel il ne nous est jamais permis de renoncer, puisque ce serait renoncer à nos obligations.

Du devoir qui nous commande de veiller à notre conservation, de consacrer notre existence et nos forces à l'accomplissement de notre destinée, naît le droit qui nous protége contre le meurtre et la violence ou l'inviolabilité de la vie humaine.

Du devoir qui nous commande de conserver et de développer notre libre arbitre, résulte pour nous le droit d'agir en toute occasion comme une personne morale et responsable, c'est-à-dire suivant notre conscience.

Du devoir qui nous commande de cultiver et de développer notre raison, et subsidiairement les autres facultés de notre esprit, résulte pour nous le droit de faire ce qui est en notre pouvoir pour nous instruire, pour arriver à la connaissance de la vérité. C'est ce droit qu'on appelle généralement la liberté de la pensée, une liberté qui ne peut se concevoir sans celle de la discussion et de la parole, puisque la parole est l'instrument nécessaire de l'intelligence.

Tels sont les droits les plus essentiels, mais non tous les droits de la personne humaine. Dans la liberté de conscience, ou la possession de ma personne morale, se trouve nécessairement comprise la liberté individuelle ou la possession de mes mouvements et de mes forces physiques, ce que la loi anglaise appelle si justement l'*habeas corpus*. Car ce n'est pas assez de n'être pas contraint de faire ce que la conscience nous défend, il faut encore que j'aie la faculté d'exécuter tout ce qu'elle me commande, ou que je m'appartienne sans restriction.

La liberté individuelle apporte avec elle, d'une manière non moins nécessaire, le droit de propriété : car qu'est-ce qu'un esclave, sinon celui qui ne peut rien posséder en propre ? Comment me figurer que je sois libre quand je ne puis disposer des choses que je me suis assimilées par le travail, que j'ai créées par ma volonté et qui sont en quelque sorte une extension de ma personne ; ou quand je n'ai en mon pouvoir aucun des moyens nécessaires pour pourvoir à mon entretien et pour développer mes facultés ?

Tous ces droits étant universels comme les devoirs dont ils découlent, et appartenant indistinctement à tous les hommes, nous sommes nécessairement obligés de les respecter les uns chez les autres. De là autant d'obligations envers les autres qu'il y a de droits renfermés dans nos devoirs envers nous-mêmes. Ces obligations sont la limite naturelle de nos droits et les empêchent d'empiéter sur les droits de nos semblables. Par conséquent, aucune des libertés, aucun des droits qui nous sont reconnus par la conscience ne peut être illimité, puisque nos semblables ont exactement le même droit devant lequel le nôtre est forcé de s'arrêter, par respect pour lui-même. C'est précisément ce qui fait le caractère négatif des devoirs de justice, que nous allons exposer successivement.

XXI

De l'obligation de respecter la vie de nos semblables. — L'homicide volontaire, hors le cas de légitime défense, est un crime contraire à toutes les lois divines et humaines. — Du duel. — Origine du duel. — Ce qui a pu l'excuser autrefois. — Pourquoi il est criminel dans l'état actuel de la société. — Du droit qu'a la société d'infliger des peines aux coupables. — Fondement du droit pénal. — Comment les lois pénales s'adoucissent par les progrès de la civilisation.

Ma vie étant inviolable à cause des devoirs que j'ai à remplir, à cause de la loi morale, à l'accomplissement de laquelle elle doit être consacrée tout entière, il est évident, puisque mes semblables ont les mêmes devoirs et sont soumis à la même loi, que leur vie n'est pas moins sacrée que la mienne et que je lui dois le même respect que je revendique pour moi. Le meurtre ou l'homicide volontaire est donc non-seulement un crime, mais il est le plus grand de tous les crimes, car il viole d'un seul coup tous les droits de la nature humaine, et par conséquent toutes ses obligations; il est en opposition avec l'ordre qui préside à notre existence et qui est le fondement de la société. De là vient qu'il est également puni chez tous les peuples, qu'il est également réprouvé par tous les législateurs, par ceux qui parlent au nom de la Divinité comme par ceux qui ne s'occupent que des intérêts de l'ordre social. Le précepte du Décalogue : « Tu ne tueras point, » peut être considéré comme une loi universelle du genre humain.

Mais le même principe qui nous défend de tuer nous autorise à nous défendre, même au prix de la vie de celui qui nous attaque injustement. Le droit de légitime défense, loin d'être opposé à la loi qui condamne le meurtre, en est, au contraire, une légitime conséquence, car, hors du droit, hors de l'ordre moral, qui seul rend notre vie inviolable et sacrée, cette inviolabilité cesse. Elle n'existe donc point pour l'assassin qui tombe sur moi à l'improviste, ou pour l'agresseur violent auquel je ne puis me soustraire que par la force ouverte; tandis qu'elle existe pour moi qui suis simplement sur la défensive et ne songe qu'à remplir un de mes devoirs les plus essentiels, celui de ma propre conservation.

Au droit de légitime défense vient naturellement se rattacher la question du duel, car le duel, pour ceux qui ont essayé de le justifier, est un moyen de défendre notre honneur, plus cher à une âme généreuse que la vie elle-même. C'est le seul argument qu'on ait jamais pu produire en faveur de cette coutume empruntée à des temps barbares, et cet argument la condamne. En effet, s'il nous est incontestablement permis de donner la mort à un agresseur injuste lorsqu'il nous est impossible de sauver notre vie d'une autre manière, il n'en est pas de même quand il s'agit de notre honneur. Malgré le préjugé répandu qu'il y a des outrages qui ne peuvent être lavés que dans le sang de celui qui les a subis ou qui les a faits, il n'est pas en notre pouvoir, quand nous avons réellement perdu l'honneur, de le recouvrer par la mort de notre ennemi ou par le courage que nous avons montré en périssant nous-mêmes sous ses coups. Puis il est difficile de comprendre que notre honneur perdu nous donne le droit de disposer de notre vie et de la vie de celui que nous accusons de nous l'avoir ôté. Disposer de la vie d'autrui, c'est exercer une vengeance ou se faire justice soi-même, ce qui n'est jamais permis; disposer de sa propre vie, c'est se dérober à ses devoirs. Ainsi, le duel n'est pas moins contraire à la loi morale qu'à la saine raison.

Cependant, comme il a été consacré pendant des siècles, sinon par les lois, au moins par les mœurs, et qu'aujourd'hui encore l'opinion publique lui est restée favorable, il faut bien qu'il ait eu, dans un certain temps, sa raison d'être. Or, lorsqu'une coutume, si blâmable qu'elle soit, a longtemps régné, ce n'est pas assez de la condamner, il faut encore l'expliquer.

Le duel, c'est l'état de guerre conservé au sein même de la société; c'est la guerre privée qui se substitue à la répression publique pour venger une injure en présence de laquelle la société paraît impuissante ou indifférente et les lois désarmées. Or, ce qu'on cherche à la guerre, c'est la victoire ou une mort honorable; on veut vaincre ou mourir, et cela en obéissant à des règles d'honneur qui tiennent ici la même place que le droit international dans les guerres publiques. Les guerres privées ont été nécessaires dans le moyen âge, quand le gouvernement était impuissant à protéger la société; elles finirent par entrer dans le droit publique des nations chrétiennes et elles se poursuivaient avec l'autorisation du roi, pourvu que les parties belligérantes appartinssent à la classe privilégiée.

Le duel est le dernier vestige de ces guerres privées. Mais il est devenu aussi impossible aujourd'hui de l'excuser par l'état social, qu'il l'a été dans tous les temps de le justifier par la raison morale et par le droit. La société moderne est constituée de telle sorte, qu'aucun de ses membres et, à plus forte raison, qu'aucune classe de citoyens ne reste en dehors de sa protection. Les lois pénales ont des châtiments pour tous les outrages; elles suffisent à la défense de notre honneur comme à celles de nos personnes et de nos biens. Il n'est donc permis à personne de substituer à son action ou à la répression régulière de la justice ce jeu de la force et du hasard qu'on appelle la guerre; un tel désordre, la société ne doit pas le souffrir, puisque c'est, dans une limite déterminée, la destruction de la société.

La société ne protége et ne défend l'individu qu'autant qu'elle a le droit de se défendre elle-même. Ce droit lui appartient d'une manière d'autant plus incontestable que, hors de son sein, l'individu ne peut subsister ni accomplir un seul de ses devoirs. Ce n'est donc pas moins que l'ordre moral tout entier qui est intéressé à sa conservation. Mais le droit de légitime défense, tel que la société peut l'exercer, soit pour son propre compte, soit pour le compte de chacun de ses membres, ne ressemble pas à la défense individuelle. Celle-ci, comme les philosophes et les jurisconsultes le soutiennent avec raison, cesse d'être légitime aussitôt que l'agression a cessé. L'étendre plus loin, c'est la faire dégénérer en vengeance et mettre à sa place l'intérêt ou la passion. Mais la société, avant comme après la répression, représente toujours le droit. Celui qui attente à ses lois, nous voulons parler des lois véritablement nécessaires à sa conservation, celui-là, quand même il ne ferait tort qu'à un seul individu, s'est rendu coupable envers tout le corps social; il s'est attaqué aux droits de tous, ou plutôt au droit lui-même; il est resté en face de lui armé et menaçant. Car les lois qu'il a attaquées, il les méconnaît, il les nie; les méconnaissant et les niant, il est prêt à les attaquer encore. Or, par cela seul qu'il s'est déclaré l'ennemi des lois protectrices de l'ordre social, il cesse d'être protégé par ces mêmes lois, par ce même droit commun sur lequel se fondaient auparavant sa liberté, sa sécurité, la paisible jouissance de ses biens. Tous ces avantages, il les a perdus dans une mesure égale à l'étendue de son délit ou de son crime. Ainsi, par exemple, celui qui a attenté à la vie d'un de ses semblables, celui-là a déclaré d'une manière plus significative que par des paroles, il a déclaré par ses actes, que la vie de l'homme innocent n'est pas une chose inviolable à ses yeux; il sera donc prêt à recommencer si l'occasion s'en présente; partant, il ne peut pas espérer de la loi et de la société qu'elles respectent une vie devenue un danger pour celle des autres. De là, la légitimité de la peine de mort, tant que la peine de mort ne peut pas être remplacée efficacement par une peine plus douce. Celui qui a attenté à la liberté ou à la propriété de ses semblables s'est placé dans une situation analogue. Sa liberté est devenue une menace publique, un danger pour la liberté des autres, et à ce titre la société n'a aucun motif de la respecter. Au contraire, c'est son devoir de prendre contre elle les précautions qui lui semblent nécessaires à la sécurité commune. Au lieu d'un être libre, d'une personne morale, qui respecte dans le droit des autres son propre droit, elle ne voit plus devant elle qu'une force brute qu'il faut contenir et rendre inoffensive. De là, la légitimité de l'emprisonnement et de toutes les peines dites afflictives, naturellement inséparables des peines infamantes.

Le droit de légitime défense exercé par la société,

tel est donc le fondement commun, le seul fondement équitable de toutes les lois pénales. La société ne doit pas se proposer uniquement de punir pour punir ou d'infliger une expiation en rapport avec le crime, car ce rôle n'appartient qu'à la justice de Dieu; lui seul, parce qu'il lit dans les âmes, parce qu'il sonde, comme dit l'Écriture, les cœurs et les reins; lui seul connaît le degré de perversité du coupable et le degré de souffrance ainsi que le genre de châtiment qui lui conviennent. La société n'a que le pouvoir et le droit de se défendre, et la peine qu'elle prononce ne peut pas aller au-delà de ce qu'exige l'exercice efficace de ce droit.

Il résulte de là que la loi pénale n'a rien d'immuable, mais qu'elle change nécessairement et se modifie avec les progrès de la civilisation, qu'elle devient plus humaine et plus douce à mesure que la société elle-même entre dans les voies de l'humanité et de la douceur. C'est ainsi que nous avons déjà vu disparaître, après les odieux supplices d'un autre temps, l'exposition, la marque et la mort civile. C'est ainsi que nous voyons aujourd'hui le bagne remplacé peu à peu par les colonies pénitentiaires où l'homme déchu peut se réhabiliter par le travail. Peut-être viendra-t-il un jour où la société pourra sans danger abolir la peine de mort.

XXII

De l'obligation de respecter nos semblables dans leur liberté. — Liberté de conscience. — Liberté individuelle. — L'esclavage est une institution criminelle. — Le servage est un esclavage adouci, mais également condamné par toutes les lois morales.

Le même principe qui nous oblige à respecter la

vie de nos semblables nous ordonne de respecter leur liberté, car à quoi nous sert la vie, si nous n'avons pas la faculté de l'employer à la fin pour laquelle nous l'avons reçue, à la pratique de nos devoirs et à l'exercice de nos droits, à l'accomplissement de notre destinée? A quoi nous sert la vie si nous avons cessé de nous appartenir pour n'être plus qu'un instrument au service de l'intérêt ou de la passion d'autrui? La vie sans la liberté a perdu tout son prix, toute sa valeur morale; d'où il résulte que la dernière doit être pour nous aussi sacrée que la première.

Mais à quelle condition l'homme est-il un être libre? A la condition d'être une personne, un être moral et responsable. On n'est une personne que si l'on agit et si l'on parle suivant sa conscience. Agir suivant sa conscience, c'est agir suivant les principes et les lois que l'on considère comme l'expression du vrai et du bien, soit que nous les ayons trouvés par les efforts de notre propre intelligence ou que nous les ayons acceptés comme un don de la foi. Donc, la liberté de conscience est la première et la plus indispensable de toutes les libertés, le premier et le plus inviolable de tous les droits, et le respect de ce droit est une de nos premières obligations envers nos semblables, une des premières prescriptions de la justice.

La conséquence la plus directe et la plus générale de la liberté de conscience, c'est le devoir de respecter nos semblables dans leurs croyances religieuses, quand la profession extérieure de ces croyances et les pratiques qui s'y rattachent n'ont d'ailleurs rien de contraire à la morale universelle et aux fondements nécessaires de l'ordre social. Des actions contraires à la justice et aux bonnes mœurs ne peuvent pas plus être tolérées par la société lorsqu'elles émanent d'une piété égarée que lorsqu'elles prennent leur source dans la violence et dans la passion. Mais toute religion à laquelle on ne peut rien reprocher de pareil doit être professée librement. C'est ce droit que reconnaît aujourd'hui la législation de tous les peuples civilisés sous le nom de liberté des cultes, car le culte est à la foi ce que l'expression est à la pensée ; il en est la manifestation sensible. Violer la liberté de conscience ou la liberté des cultes, soit par un abus de la force individuelle, soit par un acte de l'autorité publique, ce n'est pas seulement un acte d'iniquité envers les hommes, c'est un blasphème envers la Divinité, car c'est montrer que l'on n'a pas foi dans la supériorité de la vérité sur l'erreur et dans l'action continue de la Providence pour éclairer et améliorer les hommes.

Du devoir qui nous oblige à respecter nos semblables dans leur conscience se déduit évidemment celui de les respecter dans leur liberté individuelle, c'est-à-dire dans la liberté de leurs mouvements et de leurs actions, dans le droit qui leur appartient d'user comme il leur convient de leurs facultés et de leurs forces sous la seule condition de ne point s'en servir contre le droit d'autrui. Comment, en effet, notre conscience serait-elle libre si nos mouvements et nos actions ne le sont pas, ou si quelqu'un peut exiger de nous que nous fassions ce qu'elle nous défend et que nous ne fassions pas ce qu'elle nous commande? Etre privé de sa liberté individuelle, c'est être esclave. L'esclavage est donc une institution contraire aux règles les plus essentielles de la morale; l'esclavage est une institution criminelle que la férocité des mœurs, que la barbarie et l'ignorance ont pu seules rendre possible, mais qu'aucun peuple vraiment civilisé et jaloux de la dignité humaine ne doit tolérer dans son sein.

On a essayé de justifier l'esclavage par le droit de

la guerre. On a dit que, maîtres de la personne de notre ennemi quand la victoire, sur le champ de bataille, l'a livré entre nos mains, nous pouvions lui faire présent de la vie, sous la condition qu'il nous abandonnerait sa liberté. Mais un pareil contrat, s'il avait jamais existé, serait nul de soi, car, d'une part, nous n'avons aucun droit sur la vie de notre ennemi du moment qu'il est vaincu et désarmé. D'une autre part, la liberté n'est pas un bien qui puisse se vendre ou s'acheter. La conservation de notre liberté est un devoir nécessaire à l'accomplissement de tous les autres, et un devoir n'est pas susceptible d'aliénation ou d'échange. D'ailleurs, la plupart des esclaves sont nés dans cette condition. Or, en admettant qu'un homme pût aliéner sa propre liberté, comment pourrait-il disposer de celle de ses enfants et petits-enfants à perpétuité?

D'autres ont invoqué, en faveur de l'esclavage, l'inégalité des races humaines. Le nègre, par exemple, à cause de l'infériorité de ses facultés intellectuelles, leur paraît être l'esclave né du blanc. Mais en admettant le fait, il est impossible d'accepter la conséquence qu'on en tire. Le nègre est un homme, il a une conscience, il sait faire la distinction du bien et du mal; donc il a des devoirs, et, s'il a des devoirs, il a des droits. La supériorité que nous avons sur lui, nous devons l'employer à le tirer de son ignorance et de sa barbarie, non à l'abrutir par la servitude. Le nègre est perfectible, puisqu'il a passé de l'état sauvage à un certain degré de civilisation, et qu'on a pu lui enseigner, au sein même de son abjection, la loi de l'Evangile. Ainsi, aucun des arguments par lesquels on a essayé de justifier l'esclavage ne soutient l'examen de la raison.

La servitude, telle qu'on la rencontre dans l'histoire,

n'a pas toujours été complète. A l'esclavage proprement dit, qui livre l'homme tout entier à la merci de son semblable et l'assimile à la brute, à une véritable bête de somme, a succédé pendant l'époque de la féodalité le servage. Le serf était attaché à la glèbe, c'est-à-dire à la terre et non plus à la personne de son maître. Il était vendu, acheté et transmis en héritage avec la terre qu'il devait cultiver, et qu'il lui était défendu de quitter sans la permission du seigneur, c'est-à-dire du propriétaire. C'était assurément une condition meilleure que l'esclavage personnel; mais c'était toujours l'esclavage, c'était toujours l'homme dépouillé de ses droits les plus chers et ravalé au rang d'une chose. Il est donc permis en fait de le considérer comme un progrès ou comme un moindre mal, sans cesser de le réprouver en droit.

XXIII

De l'obligation de respecter nos semblables dans leur intelligence et dans les efforts qu'ils font pour s'instruire et connaître la vérité. — Du mensonge. — De la calomnie. — De la diffamation. — De la médisance.

Il n'y a ni liberté de conscience, ni liberté individuelle, si nous ne sommes pas libres dans notre pensée comme nous devons l'être dans nos actions et dans nos croyances, car agir librement, c'est agir d'après sa pensée et non d'après celle d'un autre, à moins qu'on ne se soit approprié la pensée d'autrui par la persuasion; la foi elle-même est inséparable de l'intelligence. Le respect que nous devons à l'intelligence de nos semblables est donc une conséquence nécessaire de celui que nous devons à leur liberté.

Il y a deux manières de porter atteinte à l'intelligence de ses semblables. L'une consiste à les empêcher de s'instruire, et l'autre à les tromper. L'une a pour but de les éloigner de la vérité, et l'autre de les précipiter dans l'erreur. Elles sont toutes deux également coupables.

On éloigne ses semblables de la vérité, ou, ce qui est la même chose, on les contraint à rester dans l'ignorance lorsqu'on les empêche de développer leurs facultés intellectuelles, et que, par une conduite pareille à celle des planteurs d'Amérique à l'égard de leurs nègres, on leur défend d'acquérir les connaissances qui leur manquent. Il n'existe guère d'action plus criminelle que celle-là, car elle aboutit fatalement à l'esclavage, dont elle est le complément nécessaire; si elle laisse vivre le corps, elle a pour effet, autant que cela est en notre pouvoir, de tuer l'âme. C'est aussi un moyen d'arrêter l'intelligence dans ses développements, que d'interdire la communication de la pensée par la parole, car la parole, comme nous l'avons déjà remarqué, n'est pas seulement l'expression, elle est l'instrument de la pensée. Pour avancer dans le chemin de la vérité et de la science, l'homme a besoin de communiquer avec ses semblables; il n'est sûr des conquêtes de son esprit qu'autant qu'il les a livrées à l'épreuve de la discussion; de la discussion, quand elle ne dégénère pas en dispute, jaillit la lumière.

On trompe ses semblables et on les pousse sciemment à l'erreur par le mensonge. Aussi le mensonge, alors même que les lois le laissent impuni, est-il condamné également par la religion, par la morale et par l'opinion publique. C'est qu'il est, non-seulement une mauvaise action, mais une action lâche et vile. Celui qui ment abuse de la confiance de son prochain et perd le respect de lui-même, car comment se respecter soi-même lorsqu'on ne peut pas croire à ses propres paroles? Cependant il y a des mensonges innocents; ce sont les fictions des romanciers et des poètes qui ont pour but, non d'égarer l'intelligence, mais de récréer l'imagination. Il y a aussi des mensonges autorisés ou plutôt commandés par l'humanité. Ainsi, à un malade dont une émotion un peu forte mettrait la vie en danger, on ne se fera pas scrupule de dissimuler la mort de son fils ou de sa mère. Il y a même des mensonges héroïques, comme celui que commettrait, dans un temps de proscription, un père qui se dénoncerait pour sauver son fils et un fils pour sauver son père. Mais en dehors de ces cas exceptionnels, et d'ailleurs faciles à définir, on n'est jamais excusable de parler contre la vérité ou contre sa conscience. Il n'y a pas jusqu'à ces compliments exagérés ou sans fondement dont le monde est si prodigue, qui ne soient difficiles à justifier devant la saine morale. L'honnête homme n'est pas obligé de dire tout ce qu'il pense, mais il doit penser tout ce qu'il dit.

Si le mensonge est toujours coupable lorsqu'il cause un préjudice à l'intelligence de notre prochain, il devient criminel dès l'instant qu'il nuit à sa réputation et à son honneur. Mentir dans le dessein de ternir l'honneur ou de détruire la réputation d'autrui, c'est ce qu'on appelle calomnier. Le calomniateur n'est pas moins digne de réprobation et de mépris que le voleur, car celui-ci ne nous dérobe qu'une partie de notre bien; tandis que celui-là nous enlève l'estime de nos semblables, sans laquelle tous les biens de cette vie et la vie elle-même sont dépourvus de prix. L'estime dont nous jouissons auprès des autres hommes, ou, comme on l'appelle encore, notre honneur, notre réputation, ce n'est pas autre chose, en effet, que la dignité de notre personne de notre être moral, reconnue et consacrée par la société, comme elle l'est par notre propre conscience, et, comme nous ne pouvons pas nous passer de la société, nous ne pouvons pas non plus nous passer de son estime. Déchoir à ses yeux, c'est le plus grand malheur qui puisse nous arriver après celui d'avoir mérité une pareille déchéance.

L'honneur fait tellement partie de notre être, il est si nécessaire à notre existence sociale, qu'il n'est pas permis de l'ôter à son prochain, même si l'on reste dans la vérité ou si l'on n'allègue contre lui que des faits parfaitement exacts. C'est ce que nos lois ont reconnu en punissant, non-seulement la calomnie, mais la diffamation, car la diffamation comporte la vérité des faits allégués, tandis que la calomnie est toujours mensongère. On comprend que l'intérêt général, non-seulement nous autorise, mais nous oblige à dénoncer un crime qui n'a pas encore été atteint par la justice, ou à signaler des abus d'autorité qui, en persistant ou en se multipliant, peuvent devenir un danger public; mais qu'est-ce qui nous donne le droit de fouiller dans la vie privée d'un homme pour en exhumer, sans profit pour l'ordre social, tout ce qui peut la déshonorer? L'honneur est une propriété morale à laquelle, encore une fois, il est aussi criminel de porter atteinte qu'à la propriété matérielle. Que cette propriété ait été acquise d'une manière plus ou moins légitime, ce n'est pas à nous d'en vérifier les titres. Si même les faits que vous publiez à la honte de votre prochain ont été constatés par un jugement, il ne vous appartient pas de lui faire perdre le fruit de son repentir et des efforts qui l'ont ramené dans les voies régulières de la société; il ne vous est pas permis de détruire en un jour son œuvre si laborieusement construite, pour le replonger dans l'abîme.

Ce que nous disons de la diffamation s'applique en grande partie à la médisance, qui n'est, pour ainsi dire, qu'une diffamation à huis clos, renfermée dans les murs d'un salon.

XXIV

De l'obligation de respecter nos semblables dans leurs biens ou leurs propriétés. — Origine et fondement de la propriété. — Du droit de succession d'après la loi naturelle et d'après le Code. — Devoirs de restituer le bien mal acquis et de réparer les dommages causés à autrui.

Le respect que nous devons à la liberté et à l'intelligence de nos semblables s'étend nécessairement à leurs biens, c'est-à-dire aux œuvres de leur activité et de leur pensée, aux fruits de leur travail, de leur industrie ou de leur génie, car il est évident que si les choses qu'ils ont produites ne leur appartenaient pas, leurs personnes mêmes cesseraient de leur appartenir; ils ne seraient que des instruments, ou, comme l'a si bien dit un ancien, des outils vivants au service d'autrui; ils descendraient au rang d'esclaves, puisque le propre de l'esclave est de n'avoir rien à lui et d'être contraint à travailler pour un maître. C'est ainsi que le droit de propriété se présente tout d'abord à notre esprit comme une conséquence rigoureuse de la liberté individuelle et de l'inviolabilité de la vie elle-même. En effet, celui qui ne peut rien posséder en propre étant un esclave, et l'esclave, comme nous venons de le dire, étant un instrument qu'on peut briser dès qu'il nous sert mal ou qu'il ne nous sert plus, la vie, dès que la propriété est supprimée, se trouve dépourvue de toute garantie.

Aussi la maxime : « Tu ne voleras point, » se trouve-t-elle dans les codes religieux de toutes les nations, et notamment dans le Décalogue, inscrite à côté de celle qui défend de tuer.

Cependant le droit de propriété existe aussi par lui-même et peut se démontrer directement par certains principes incontestables et incontestés. Ces principes sont au nombre de deux : le droit du premier occupant et le droit du travail.

Lorsqu'un homme trouve devant lui un objet quelconque, soit une portion du sol, soit une matière inanimée, soit un animal ou une plante qui n'appartient à personne, dont personne jusqu'ici n'a revendiqué l'usage, et dont lui-même croit pouvoir se servir utilement, il s'en empare à juste titre, car il ne prend rien à autrui, et la chose dont il s'est ainsi emparé lui appartient aussi longtemps qu'il lui plaît de la garder. Voilà ce qu'on appelle le droit du premier occupant. Le droit du premier occupant n'est pas seulement un des principes ou un des fondements de la propriété, il en est aussi l'origine; il nous montre comment elle a commencé, comment elle s'est établie chez les hommes. Les premiers propriétaires furent ceux qui les premiers eurent la pensée de se choisir une demeure fixe sur l'immense étendue de la terre et de retenir auprès d'eux, pour employer leur chair à leur nourriture et leurs peaux à leurs vêtements, quelques-uns des animaux innombrables qui erraient libres dans les forêts. On a prétendu qu'ils ont porté atteinte à la communauté naturelle qui existait d'abord. Mais cette communauté naturelle est un état purement imaginaire. Rien n'est en commun alors que tout est délaissé et sans usage. La jouissance des biens de la nature n'a jamais été commune, car elle a commencé avec la propriété.

Au droit du premier occupant vient se joindre le droit du travail. Cette portion du sol à laquelle je me suis attaché, je la défriche, je la cultive, je l'ensemence, je la féconde par mes sueurs, je lui donne une valeur qu'elle n'avait point d'abord, comment ne serait-elle point à moi, puisqu'elle est devenue, en quelque façon, mon œuvre? Il en est de même de ces morceaux de fer, d'airain, de bois qui gisaient inutiles, abandonnés, dans les entrailles ou sur la face de la terre et dont j'ai fait des instruments de chasse, de pêche ou d'agriculture, engins précieux qui multiplient mes forces et assurent ma subsistance. Il en est de même de ces pierres, de ce sable, de ces troncs d'arbres dont je me suis construit une cabane et de ce bloc de marbre dont j'ai tiré un meuble ou un objet d'art. Les droits du travail sont donc, sinon plus certains, au moins d'un ordre plus élevé que ceux de la première prise de possession. Celle-ci n'est qu'une simple conquête, une conquête sur la nature brute, non sur les hommes; le travail, surtout celui de l'intelligence, a pour résultat une véritable création. La première prise de possession, ou, comme on l'appelle généralement, la première occupation n'est qu'un acte de ma liberté, un acte légitime, puisqu'il n'empiète sur aucun droit préexistant. L'œuvre que j'ai créée par mon travail est comme une émanation de ma personne; c'est mon intelligence et ma volonté devenues visibles, en quelque sorte, et fixées pour toujours dans un objet extérieur. Or, qui pourrait me contester la propriété de moi-même et de mes facultés? Seulement, il faut remarquer que l'industrie de l'homme ne pouvant s'exercer que sur une matière déjà livrée à sa discrétion, le droit du travail suppose celui du premier occupant.

Voilà donc la propriété reconnue légitime dans son

origine, c'est-à-dire dans les mains de celui qui l'a fondée ou créée. Maintenant, il s'agit de savoir à quelles conditions elle se transmet, à quel titre elle devient héréditaire, ou quels sont les principes sur lesquels repose le droit de succession.

Le droit de succession repose avant tout sur le droit de transmission, c'est-à-dire le droit de disposer de ses biens par testament ou par un acte de donation, et le droit de transmission ne saurait être douteux, car il n'est qu'une application, une manière de jouir et de faire usage du droit de propriété lui-même. Si les choses que j'ai créées par mon travail ou que j'ai acquises en qualité de premier occupant sont réellement à moi, il m'est permis de les donner de mon vivant à ceux que j'aime, sous la condition de ne faire tort à aucun de mes engagements et de mes devoirs envers les autres. Pouvant les leur donner de mon vivant, pourquoi me serait-il refusé de les leur transmettre après ma mort? Cette transmission est d'autant plus légitime qu'elle peut être considérée habituellement comme la cause morale de la propriété, comme le but pour lequel elle a été fondée. Si je n'avais pas la faculté de laisser après moi à un fils, à une fille, à un frère, à une sœur, à une vieille mère, à un père infirme, le fruit de mes labeurs et de mes veilles, je ne me serais pas donné tant de peine, je me serais contenté de ce qui pouvait suffire à mes besoins, je ne me serais épargné, ni les heures d'oisiveté, ni les plaisirs? Or, il serait souverainement injuste que ce que j'ai amassé pour les miens, d'autres vinssent le prendre. C'est moi-même qui me trouverais dépouillé dans la personne de ceux qui me sont chers. C'est ainsi que le droit de propriété se transforme en droit de succession et la propriété elle-même en héritage. C'est ainsi que nos biens passent après nous de plein droit à nos enfants et, à défaut d'enfants, à nos proches.

Il n'est pas nécessaire, pour qu'il en soit ainsi, que le propriétaire, avant de mourir, en ait exprimé la volonté. Sa volonté est présumée par la société d'après les sentiments habituels du cœur humain et d'après les devoirs que nous avons à remplir envers nos enfants et envers nos proches. C'est précisément ce que fait notre Code quand il reconnaît d'abord des successions *ab intestat*, c'est-à-dire des successions légitimes en l'absence d'un testament, et quand il distribue ces successions dans un ordre conforme aux liens et aux obligations de la famille, reconnaissant d'abord pour héritiers légitimes les enfants, puis les parents, puis les collatéraux.

L'acte en vertu duquel la propriété du père passe aux enfants n'est pas seulement un acte légitime, c'est un acte obligatoire envers les enfants, tant que leur conduite ne les en a pas rendus manifestement indignes. Il est impossible, en effet, de les dépouiller sans injustice de ces biens dont ils ont joui, dès leurs plus tendres années, avec une douce sécurité, dans lesquels, par leur présence seule, ils ont mis, pour leurs parents, un prix inestimable, et qu'ils ont peut-être contribué à accroître par leur travail, par leur concours, par la tendresse même dont ils étaient l'objet. Ils ont acquis sur ces biens un droit de copropriété qu'il n'est pas permis de leur enlever ou d'attribuer seulement à l'un d'entre eux au préjudice de tous les autres. Il résulte de là que le droit de disposer de ses biens par testament ne peut pas être illimité ou absolu. C'est une vérité que le Code français a eu également la sagesse de reconnaître et de consacrer.

Héritage, donation ou fruit du travail, la propriété, sous quelque forme et à quelque titre qu'elle existe, pourvu que ce soit à un titre légitime, est également inviolable, et nous sommes obligés de la respecter chez les autres, comme nous désirons qu'ils la respectent chez nous. Ce n'est pas assez de ne pas l'attaquer directement, il faut, lorsqu'elle est tombée dans nos mains par des moyens indirects que la justice et la bonne foi réprouvent, se refuser à la recevoir ou se hâter de la restituer. Notre devoir envers la propriété d'autrui s'étend plus loin encore. Si même, sans en recueillir aucun profit, et sans intention coupable, nous lui avons par notre faute, par suite de notre négligence ou de notre imprévoyance, occasionné quelque dommage, la stricte probité exige que ce dommage soit promptement et spontanément réparé.

XXV

De l'obligation résultant des contrats ou conventions conclus entre particuliers. — Pourquoi la loi intervient entre les deux parties pour les forcer à tenir leurs engagements. — Comment la conscience est d'accord avec la loi.

En se respectant les uns les autres dans leur vie, dans leur liberté et dans leurs propriétés, les hommes peuvent, sans doute, vivre ensemble sans se faire réciproquement aucun tort; mais s'ils voulaient se renfermer dans cette étroite limite, la société n'existerait jamais; car la société est autre chose qu'un assemblage d'individus isolés, dont chacun reste réduit à ses propres forces; elle ne subsiste, dans l'ordre matériel comme dans l'ordre moral, que par un échange de services. Parmi les services que nous sommes appelés à nous rendre mutuellement et que réclame impérieusement notre commune faiblesse, les uns émanent de la charité, les autres n'ont pour principe que l'intérêt. Les premiers sont essentiellement libres et volontaires; les seconds forment la matière des contrats, traités ou conventions, en un mot des engagements réciproques qui lient entre eux les particuliers. Telles sont les relations dont se compose principalement la vie économique des peuples, celles du vendeur et de l'acheteur, du patron et de l'ouvrier, du maître et du serviteur à gages, du propriétaire et du locataire, du propriétaire et du fermier, du prêteur et de l'emprunteur. Telles sont aussi les différentes espèces d'associations commerciales, industrielles ou de prévoyance.

On comprend sur-le-champ à quel point il est nécessaire que les engagements de cette nature soient fidèlement remplis des deux côtés, car, s'ils pouvaient être violés impunément, les travaux, les entreprises, les transactions dont ils sont la garantie s'arrêteraient immédiatement, et la vie économique de la société, par conséquent son existence même serait suspendue. Voilà pourquoi, dans tous les pays civilisés et même chez les nations barbares, il y a des lois qui en protégent, qui en exigent l'exécution. Des punitions plus ou moins sévères, des mesures de coercition plus ou moins énergiques sont réservées à ceux qui se jouent de leur parole et qui, après avoir recueilli les avantages des obligations qu'ils ont contractées, refusent d'en porter les charges.

Mais quand même les lois dont nous venons de parler n'auraient jamais été promulguées ou seraient tombées en désuétude, elles n'en existeraient pas moins dans notre conscience. Elles font partie des règles les plus absolues de la probité et de la justice, car la justice comprend la bonne foi; elles sont au nombre de nos devoirs les plus impérieux envers le prochain. Quand nous avons manqué aux engagements que nous avons pris, n'importe sous quelle forme, par écrit, de vive voix, ou même tacitement, non-seulement nous avons trompé notre semblable et abusé son intelligence par un mensonge, nous lui avons causé un dommage à la fois matériel et moral. En effet, pendant qu'il s'est cru lié envers nous par un contrat que notre déloyauté a rendu illusoire, il n'a pu disposer d'une autre manière, ou de son activité, ou de sa fortune, ou de l'une et l'autre à la fois ; il a renoncé à chercher ailleurs les avantages sur lesquels il comptait de notre part, et nous l'avons réellement frustré dans sa liberté et dans ses biens. Il y a d'ailleurs des conventions qui ont pour effet immédiat d'engager nos capitaux, notre temps, notre intelligence, notre crédit et jusqu'à un certain point notre honneur ; autant de préjudices souvent irréparables que nous cause volontairement celui qui, après nous avoir ainsi compromis, se refuse à l'exécution du traité ; autant d'actes d'injustice dont il se rend coupable envers nous.

XXVI

Le caractère commun des devoirs de justice et des droits qui y correspondent, c'est qu'on peut recourir à la contrainte pour faire observer les uns et respecter les autres. — Exemples tirés du Code. — Comment les devoirs de justice, étant négatifs et d'abstention, ne sont que la moitié de la vertu, et comment il faut y joindre les devoirs d'action et de charité qui se résument dans cette maxime : « Aimez votre prochain comme vous-même, et faites à autrui ce que vous voudriez qu'on vous fît. » — Les devoirs de charité, quoique ne constituant aucun droit pour celui qui en est l'objet, n'en sont pas moins obligatoires pour chacun de nous dans la mesure de nos forces.

Le respect de la vie, de la liberté, de la propriété,

de l'honneur et de la conscience de nos semblables, l'obligation d'être fidèle aux engagements que nous avons contractés avec eux ; tous ces devoirs, ainsi que les droits qu'ils supposent et dont ils sont la conséquence rigoureuse, sont compris dans l'idée de justice et se résument dans ce précepte : « Ne faites point aux autres ce que vous ne voudriez pas qu'ils vous fissent. » Or, les lois de la justice étant la condition de notre existence morale, la condition sans laquelle il nous est impossible de remplir aucun de nos devoirs envers nous-mêmes, il en résulte que nous pouvons exiger, même par la contrainte, qu'elles soient respectées à notre égard, sauf aux autres à faire valoir contre nous la même exigence. Toutes, en effet, reposent sur ce principe que nous avons eu déjà l'occasion de citer (1) : « Ce que la loi morale m'ordonne de faire, elle défend aux autres de l'empêcher. Quand nous souffrons la violation de nos droits, quand nous supportons une injustice à laquelle il est en notre pouvoir de nous soustraire, c'est donc comme si nous renoncions à une partie de nos devoirs et comme si nous nous rendions complices de l'outrage que reçoit la morale considérée en elle-même. C'est ce qui nous explique le droit de légitime défense, quand on attente à notre vie ou à notre liberté, et celui de reprendre par la force le bien qu'on nous a enlevé de la même manière, dans les circonstances où il est impossible que la société nous protége.

Le même principe, en passant de la conscience dans nos lois, s'est étendu à tous les devoirs que la justice nous impose les uns à l'égard des autres. Celui qui refuse de payer ses dettes, de rendre un dépôt qui lui a été confié ou d'exécuter un contrat qu'il a librement signé, est soumis à des voies de

(1) *Voyez* chapitre xx.

contrainte ou à des punitions dont la gravité est en rapport avec celle de sa faute ou du tort qu'il fait à son prochain. Aujourd'hui, la loi se contente de la saisie de ses biens; elle autorisait, il n'y a pas longtemps, celle de sa personne. Le Code a des réparations et des châtiments pour les blessures faites à notre honneur, comme pour les préjudices causés à notre fortune. Il nous protége dans la liberté de notre conscience comme dans celle de nos actions et de nos mouvements, comme dans notre vie même.

Les devoirs que la justice nous prescrit ne sont donc pas entièrement abandonnés à notre conscience et à notre libre arbitraire; ils sont pour l'homme qui vit en société une nécessité véritable, puisque la société ne souffre pas qu'on les viole impunément. Par conséquent, ils ne sauraient nous présenter le degré le plus élevé de la moralité humaine et la limite où doivent s'arrêter les vertus sociales. On n'est pas un homme de bien ou un homme vertueux parce qu'on n'a jamais fait tort à son prochain; cela suffit seulement pour mériter le nom d'honnête homme, et ce nom même doit être refusé à celui qui borne tous ses efforts à n'être pas en opposition avec la loi.

Non-seulement la justice est, dans la plupart des cas, une pure nécessité, mais alors même qu'elle reste absolument libre, alors même qu'elle n'est que l'accomplissement désintéressé des lois de la conscience, elle est une vertu insuffisante, parce qu'elle est une vertu négative. Elle consiste à ne pas faire le mal; elle ne prescrit pas de faire le bien. Laissant chacun remplir comme il peut sa destinée ou la fin qui résulte pour lui de la somme de ses devoirs et de la nature de ses facultés, elle se borne à ne lui imposer aucune entrave, à ne lui susciter aucun obstacle. Mais la destinée d'un homme, la fin à laquelle il est obligé de tendre sans cesse et de tous ses efforts, ne peut être isolée de celle de ses semblables. Il nous est impossible, par exemple, de développer beaucoup notre intelligence au milieu de l'ignorance universelle et de faire de rapides progrès vers notre perfection morale quand nous n'apercevons autour de nous qu'abrutissement et corruption. Il en est de même de notre conservation et de notre bien-être matériel. Comment serions-nous dans l'abondance quand tous les autres sont dans la misère ? Comment les dangers qui menacent leur vie seraient-ils écartés de la nôtre ? Ainsi donc, nous ne devons pas moins faire pour les autres que pour nous ; tout ce qui nous est prescrit envers nous, nous est également prescrit à l'égard des autres ; la justice ne suffit pas pour nous acquitter envers eux ; la charité, dans l'ordre universel, est aussi nécessaire, par conséquent aussi obligatoire que la justice ; nous devons faire pour notre prochain tout ce que nous voudrions qu'il fît pour nous. Ce n'est pas seulement par un effort de sentiment, c'est en action et en réalité qu'il faut aimer son prochain comme soi-même.

La justice elle-même est impraticable sans la charité, car il est impossible de respecter véritablement la nature humaine dans toutes ses facultés et dans tous ses droits sans la connaître, et il est impossible de la connaître sans l'aimer. Aussi, la charité et la justice se sont-elles développées en même temps et dans les mêmes proportions ; elles sont unies dans l'histoire comme dans la conscience. Un philosophe de l'antiquité, qui était en même temps un homme d'État et un grand jurisconsulte, a eu raison de dire que la justice n'est pas autre chose que l'amour même du genre humain rendant à chacun ce qui lui est dû et unissant entre eux tous les hommes par le double lien de la libéralité et de l'équité (1).

La charité est donc un devoir aussi bien que la justice, puisque l'ordre moral, dans la société et en nous-mêmes, est irréalisable sans elle; mais c'est un devoir d'un autre ordre et qui a son caractère propre. Tandis que la justice reconnaît des droits rigoureusement égaux et semblables, des droits définis, absolus, inhérents à chaque personne humaine, la charité n'admet qu'un droit indéfini et collectif, qui, appartenant au genre humain, à tous les hommes pris en masse, à cause de leur commune nature et de leur commune destinée, peut être réparti entre les individus dans des proportions diverses en raison de la diversité de leurs qualités. Il nous est permis d'aimer inégalement des êtres qui présentent des titres inégaux à notre amour, et de faire passer cette inégalité de nos sentiments dans nos actions. Tel est le caractère de la charité. La justice, au contraire, ne fait point acception de personne, parce que tous ont à ses yeux les mêmes droits, conséquence rigoureuse des mêmes devoirs. Qu'il soit mon ami ou mon ennemi, mon compatriote ou un étranger, un homme de bien ou un malhonnête homme, tout homme sans exception, à moins que je ne sois forcé d'user contre lui du droit de légitime défense, est inviolable pour moi dans sa personne, dans ses biens, dans son honneur. La justice ne se borne pas à prescrire, elle exige; il faut que je lui obéisse même au prix de ma vie, parce que tout acte de désobéissance envers elle me rend coupable. La charité n'exige pas; elle prescrit seulement; elle nous laisse, dans la plus haute et la plus noble acception du mot, l'usage de notre liberté! Ne rien faire qui soit contraire aux règles et

(1) Cicéron, *de Finibus bonorum et malorum*, lib. V, c. XXIII.

à la justice, c'est s'acquitter d'une dette. Se conformer au principe de la charité, c'est accomplir un acte de dévouement ou un sacrifice.

XXVII

Grandeur et beauté morale du dévouement. — Dans un État bien organisé, la loi du sacrifice s'accomplit à tous les degrés de l'échelle sociale ; nous sommes tous obligés de nous dévouer les uns pour les autres, chacun suivant ses moyens.

La nature du dévouement nous en fait comprendre la grandeur et la beauté! Rien ne peut donner à l'homme une plus haute idée de lui-même que ce besoin qu'il éprouve et cette loi qui lui commande de chercher son bien dans celui des autres, de consacrer ses forces, son intelligence, son repos, sa vie même au bonheur de ses semblables ou à leur perfectionnement moral, et de ne se considérer que comme un instrument, un instrument libre et responsable de l'ordre universel. N'est-ce point participer, dans une proportion compatible avec notre faiblesse, à l'amour du Créateur pour l'ordre qu'il a établi dans la création et pour la créature elle-même ? Si les actes d'abnégation qui prennent leur source dans la piété filiale, dans la tendresse paternelle, dans l'amitié, dans l'amour proprement dit, sont cités à juste titre comme une preuve éclatante de la noblesse de notre nature, combien ne trouverons-nous pas encore plus dignes d'admiration les sacrifices qui nous sont demandés par notre cœur et par notre raison et qui ont été accomplis en tout temps pour des êtres à qui nous ne devons rien, dans le sens rigoureux de la justice, auxquels nous ne sommes attachés par aucune affection personnelle, que nous ne connaissons pas, que nous ne connaîtrons jamais? Il nous suffit de savoir qu'ils existent et qu'ils partagent avec nous les facultés d'aimer, de penser et de souffrir, qu'ils ont comme nous une âme immortelle à affranchir de la servitude de l'ignorance, de la misère et des brutales passions.

Cette loi du dévouement, si sublime qu'elle nous paraisse et qu'elle le soit en effet, malgré le rôle supérieur qu'elle donne à la liberté, est cependant une loi nécessaire dont ni la société ni l'individu ne peuvent se passer. Nous avons dit (1) que la société pouvait être comparée à un immense atelier où tous les travaux se tiennent et où tous les ouvriers se prêtent un mutuel concours. Mais cette harmonie ne peut exister qu'à une condition : c'est que chacun des membres de la société soit étroitement uni à tous les autres et, en accomplissant la tâche que sa destinée lui a confiée, ne se propose pas pour unique fin son intérêt personnel, mais le bien, nous ne disons pas seulement le bien-être, le bien général de la communauté. Il est dans la nature de ce bien d'être indivisible; par conséquent, il ne se réalisera pas s'il n'est également désiré par tous les cœurs et également poursuivi par toutes les volontés. Il faut que, descendant du sommet à la base et remontant de la base jusqu'au sommet, le sentiment de la charité, l'émulation du dévouement, l'idée du sacrifice, se répande comme un esprit vivifiant dans tous les organes du corps social et en dirige tous les mouvements.

Ceux à qui les peuples ont donné la mission difficile de les gouverner, ceux qui ont été appelés à faire les lois, le magistrat qui est chargé de les appliquer ou d'en assurer l'exécution, sont rigoureusement tenus d'oublier, et, quand les circonstances l'exigent, de sacrifier leurs intérêts particuliers pour l'intérêt public. Il faut qu'ils sachent que ce n'est point pour la satisfaction de leur orgueil, et moins encore pour l'a-

(1) Chapitre XIII.

grandissement de leur fortune, qu'ils ont été élevés par la confiance de leurs concitoyens aux diverses positions qu'ils occupent, mais pour défendre l'honneur, l'indépendance, la liberté intérieure, la prospérité de leur pays et l'ordre sans lequel l'existence même de la société est impossible. Leur vie, si enviable qu'elle puisse paraître, si elle est conforme à leurs devoirs, est donc une vie de soucis, d'abnégation et de dévouement.

Ceux qui appartiennent à des sphères plus humbles sont-ils donc affranchis de ces conditions, et n'y a-t-il que les hommes publics qui se doivent à la société tout entière? Non, il n'y pas une seule profession, pas une seule situation dans laquelle le dévouement ne trouve pas sa place et où il ne soit nécessaire, pour s'acquitter seulement de ses dettes, de s'élever jusqu'au sacrifice. Le sacrifice est dans l'obéissance aussi bien que dans le commandement, et si l'on veut le trouver dans celui-ci, comment serait-il absent de celle-là? L'autorité, nous voulons parler des pouvoirs consacrés par la loi, ne saurait être exercée au profit de tous, si tous ne s'y soumettent, non-seulement avec docilité, mais de cette soumission du cœur qui associe le simple citoyen à l'œuvre des magistrats, du souverain ou du législateur. Le sacrifice est dans la famille, sans distinction de rang ni de condition; il est l'âme et la vie de la famille, qui, à son tour, est le plus solide fondement de l'État et de la société en général. Le sacrifice est dans les recherches de la science et dans les créations de l'art qui ont pour unique but le vrai et le beau, l'accroissement des forces de l'intelligence et des jouissances de l'âme. Le sacrifice est dans les dangers et les fatigues de la guerre, car, chez les peuples vraiment civilisés, la guerre n'est pas une profession ou un instrument de conquête, mais la défense de la justice et du droit contre la force. Le sacrifice est dans les travaux de l'industrie, dans les entreprises du commerce et jusque dans l'exercice des plus humbles métiers quand ceux qui s'y consacrent ont la conscience qu'ils remplissent dans la société une tâche nécessaire, et qu'ils s'efforcent de la rendre à leurs semblables aussi profitable qu'à eux-mêmes.

Mais ce n'est pas seulement par rapport à la société tout entière, à la société considérée comme un être collectif, que le sacrifice est une loi générale ; il n'intervient pas moins dans les relations purement individuelles : pauvres ou riches, grands ou petits, savants ou ignorants, nous avons tous besoin les uns des autres. Nos richesses, notre grandeur, notre science, n'ont pas le pouvoir de nous affranchir des misères, des infirmités, des chagrins de la vie, et, qui que nous soyons, nous avons souvent besoin d'une main tendue vers nous. La charité n'est pas l'aumône. Tout le monde peut pratiquer la charité. Ses moyens sont aussi variés que les souffrances et les besoins de la nature humaine. Or, tout le bien dont nous sommes capables, nous sommes obligés de le faire. La charité, et par conséquent le sacrifice, est donc une loi aussi universelle que la justice elle-même. Immuable et absolue dans son principe, elle n'admet la diversité que dans ses applications.

XXVIII

La loi de charité ne permet ni de désirer le mal du prochain, ni de se réjouir du mal qui lui arrive, ni de s'affliger de ses succès ou de sa prospérité. — Du pouvoir que nous avons sur nos passions. — De la haine. — De l'envie. — De la vengeance. — De l'orgueil. — De l'intolérance. — Influence de la passion sur l'individu et sur la société.

Ni la charité ni la justice ne peuvent régner sur nos

actions si elles ne reposent sur nos sentiments. Il est même nécessaire que nos sentiments leur soient soumis d'abord, car la volonté suit habituellement les inspirations du cœur. Il est difficile, quand nous haïssons nos semblables, quand nous leur portons envie, quand nous sommes animés contre eux d'un sentiment de vengeance, que nous ne souhaitions pas qu'ils soient malheureux, que notre cœur ne se réjouisse pas du mal qui leur arrive et ne s'afflige pas de leur bonheur. Du désir au fait la distance n'est pas grande, et quand nous sommes entrés dans ce triste état, loin que nous songions à nous dévouer à notre prochain, nous pouvons à peine nous empêcher de lui nuire. Notre premier devoir, si nous voulons nous conduire en gens de bien, est donc de régler nos mouvements intérieurs et de ne laisser pénétrer dans nos âmes que des pensées et des affections généreuses. Efforçons-nous d'être purs et irréprochables, non-seulement aux yeux des hommes, mais aux yeux de Celui qui, selon l'expression de l'Écriture, sonde les reins et les cœurs.

Mais ce que la conscience nous commande, notre volonté est-elle capable de l'exécuter? Sommes-nous maîtres d'aimer ou de haïr, de nous réjouir ou de nous affliger des événements dont nous sommes témoins? Oui, nous avons tout empire sur nos passions, de quelque nature qu'elles puissent être, sur nos passions haineuses comme sur les autres, parce que les passions sont notre ouvrage. C'est nous qui les avons créées en nourrissant avec complaisance et en exaltant outre mesure certaines pensées et certains désirs, d'abord faciles à discipliner; il est en notre pouvoir de les détruire et bien plus encore de les empêcher de naître. L'homme a la puissance d'exalter et de corrompre tous ses penchants et de se faire une autre nature que celle qu'il apporte en naissant; mais il est libre de ne point user de cette puissance, et, quand il a déjà commencé à en éprouver les effets, de les arrêter ou de les supprimer par un retour énergique aux lois de la raison.

Pour étouffer dès leur origine les passions malveillantes, il suffit de considérer à quel point elles nous rabaissent et nous font souffrir, à quel point elles sont viles dans leur principe et funestes dans leurs conséquences, enfin quelle part leur revient dans les souffrances et les désordres qui affligent la société.

On distingue plusieurs passions qui ne sont que des manières différentes de haïr : la haine proprement dite, la vengeance, l'envie, l'orgueil, l'intolérance. La haine, c'est une colère méditée et, pour ainsi dire, de longue haleine, qui ne reconnaît bientôt ni limite, ni mesure et survit quelquefois à la destruction de son objet. Mais si la colère elle-même, comme il est impossible d'en douter, est un mouvement aveugle qui nous ôte momentanément l'usage de la raison et nous assimile à la brute, combien ne sommes-nous pas coupables de rendre cet état permanent sans rien lui enlever de sa violence ? En effet, la réflexion qui se mêle à la haine ne la calme pas, mais a seulement pour but de la faire durer et de la satisfaire plus sûrement.

La vengeance, c'est la haine qui se fait illusion par une apparence de justice, la haine qui s'apaise en rendant le mal pour le mal. C'est pour cette raison que les idées de vengeance et de justice sont souvent confondues dans le langage et dans la pensée des hommes. Mais à qui donc est-il permis de se faire justice lui-même ? Comment se persuader qu'il soit juste de rendre le mal pour le mal ? La vengeance, comme l'a dit un ancien, ne diffère de l'injure que parce qu'elle vient après elle. La loi morale, c'est-à-dire la raison elle-même prise pour règle de nos actions, nous commande de faire tout le bien qui est en notre pouvoir sans tenir compte du mal qu'on nous a fait.

L'envie, c'est la haine qui anime l'égoïsme impuissant contre tout ce qui est heureux. C'est l'irritation que nous inspirent, non tel acte qui nous a blessés, ou telle personne qui est sur notre chemin, mais les avantages dont nous sommes privés, même par notre faute, et tous les hommes, si inoffensifs et quelquefois si bienveillants qu'ils puissent être à notre égard, que nous voyons mieux partagés que nous. Le désir d'augmenter son propre bonheur tient beaucoup moins de place dans le cœur de l'envieux, que la souffrance que lui cause le bonheur d'autrui. Aussi, de toutes les manières de haïr, celle-là est-elle la plus déraisonnable, la plus honteuse et la plus digne de pitié. La haine, la vengeance, la colère poursuivent un but qui leur est propre; elles peuvent espérer une satisfaction qui est le fruit de leurs œuvres. Considérant les divinités du paganisme comme une personnification des passions humaines, n'a-t-on pas dit que la vengeance est le plaisir des dieux? L'envie, au contraire, ne porte avec elle que le témoignage de son impuissance. Elle ne peut jamais s'avouer, et c'est contre elle-même que se tourne sa fureur.

L'envie et la haine dérivent habituellement de l'orgueil. L'orgueilleux, ne voyant dans le monde que lui-même et rapportant tout à lui, est exposé à rencontrer à chaque instant d'humiliantes résistances, des froissements d'amour-propre, qui finissent par se traduire en haine. D'un autre côté, lorsqu'on trouve en soi tous les talents et toutes les vertus, comment ne pas se persuader qu'on a droit à tout; par conséquent, que tout ce qui ne nous appartient pas nous a été dérobé, qu'il n'y a pas un avantage accordé aux autres par la fortune ou par les hommes qui ne le soit à notre préjudice? D'ailleurs, l'orgueil, à le considérer en lui-même, indépendamment de ses fruits, est essentiellement contraire à l'amour du prochain et au respect du droit. Le droit suppose l'égalité, que l'orgueil repousse avec horreur. L'amour du prochain exclut l'égoïsme dont l'orgueil est, en quelque sorte, la plus haute expression.

A l'orgueil vient se rattacher naturellement l'intolérance. Le fanatique ne peut souffrir que l'on parle ni qu'on pense autrement que lui, et la cause de Dieu à défendre lui offre un trop beau prétexte pour qu'il néglige de s'en couvrir. S'il était pénétré véritablement, non par l'orgueil, mais par le sentiment d'une foi vive et désintéressée, ne se dirait-il pas que celui qui est privé d'un tel bien a tout perdu, et, par conséquent, au lieu de le persécuter, ne chercherait-il point à le ramener par toutes les voies de persuasion?

Intolérance, orgueil, haine, envie, soif de vengeance, est-ce que ce ne sont point là les causes les plus actives et les plus fécondes de nos misères et de nos crimes? Introduisez ces passions ou laissez-les se développer dans le sein de la famille, vous verrez se déchirer ausssitôt tous les liens qui unissent le mari à la femme, le frère à son frère, le père à ses enfants. C'est l'orgueil qui, faisant croire à l'homme que la femme n'était créée que pour ses plaisirs, a autrefois institué et conserve encore aujourd'hui, chez plusieurs peuples, à la place du mariage, le honteux régime de la polygamie. C'est l'orgueil qui a pendant longtemps persuadé au père que l'enfant, fruit de ses entrailles, qu'il devait réchauffer dans son sein et couvrir de sa tendresse, n'était que sa propriété, et qu'il avait le droit de disposer de sa liberté et de sa vie.

C'est aussi l'orgueil qui a créé le droit d'aînesse et fait entrer à sa suite, au foyer domestique, l'envie et la haine. C'est l'envie qui, selon le récit de l'Écriture, a armé la main du premier meurtrier et suscité le premier fratricide.

Les mêmes passions troublent la paix de la société tout entière et arment les uns contre les autres, non-seulement les individus, mais les peuples. Les guerres aussi bien que les meurtres privés, les guerres civiles comme les guerres étrangères, découlent principalement de cette source. On en peut dire autant des révolutions et des institutions vicieuses, des lois vexatoires et tyranniques qui les ont provoquées. Toutes les fois que, dans l'organisation et le gouvernement de la chose publique, le droit est méconnu, on peut être sûr que l'orgueil, l'envie ou la haine ont pris sa place. Mais il faut ajouter, pour l'honneur de l'humanité, que la haine, surtout celle qui existe entre les nations et les diverses classes de la société, prend le plus souvent son origine dans l'ignorance.

TROISIÈME SECTION

L'ÉTAT OU LA SOCIÉTÉ CIVILE — DEVOIRS RÉCIPROQUES DE L'ÉTAT ET DU CITOYEN

XXIX

La société dans ses rapports avec l'État. — Qu'est-ce que l'État et quelles sont les conditions de son existence ? — Des lois de l'État. — Du gouvernement ou des pouvoirs chargés de les exécuter. — De la nation et de l'amour qu'elle inspire à chacun de ses membres sous le nom de patriotisme ou d'amour de la patrie. — Quelles sont les sources d'où dérive l'amour de la patrie. — De la force qu'il prête à chaque citoyen et à la nation tout entière. — Ce qu'il a produit de grand et de fécond aux différentes époques de l'histoire.

Nous avons montré quels sont les principes sur

lesquels repose l'ordre social considéré dans son unité et sa généralité, car partout où il y a plusieurs hommes réunis, la conscience leur impose les uns envers les autres les mêmes devoirs et revendique pour eux les mêmes droits. Mais l'ordre social ne se réalise et la société ne devient un fait que dans des limites et sous des conditions déterminées qui forment ce qu'on appelle un État ou une société civile et politique. Hors de l'État, hors de la société civile, la société est une abstraction qui n'existe que dans l'esprit.

Un État n'est pas une simple agglomération de familles ou d'individus momentanément rapprochés par des circonstances fortuites, ou liés entre eux d'une manière permanente par la communauté d'origine, par la similitude des occupations et des besoins; c'est un corps organisé dans lequel circule une même vie et qui se meut par une seule volonté; c'est une société réunie sous des lois et sous le pouvoir d'une autorité publique, d'un gouvernement chargé de les exécuter et de représenter par cela même, aux yeux de chacun de ses membres, la société tout entière. Que l'une ou l'autre de ces deux conditions vienne à lui manquer, l'idée qu'on se fait d'un État, c'est-à-dire d'une société capable d'assurer à ses membres la sécurité nécessaire à leur conservation et la liberté que réclame l'accomplissement de leurs devoirs, se trouve aussitôt anéantie. En l'absence des lois, celui qui commande n'est plus qu'un maître et ceux qui obéissent ne sont plus que des esclaves, quelle que soit d'ailleurs la modération du premier et la résignation des derniers. En l'absence d'un pouvoir assez fort pour les faire respecter de tous, les lois sont une lettre morte, chacun fait ce qui plaît à ses passions, et la société est bien près de se dissoudre.

A ces deux conditions purement extérieures vient nécessairement s'en joindre une troisième qui tient au fond même du corps social, qui en fait l'unité et la vie. Ni le pouvoir ni les lois ne peuvent compter sur une longue durée ou sur une action féconde, s'ils ne sont pas en rapport avec les mœurs, avec les idées, avec les sentiments, avec les intérêts généraux des hommes à qui ils s'adressent, et si ces hommes, à leur tour, ne se trouvent pas naturellement unis entre eux par cette communauté de pensée, d'affections, d'habitudes, de besoins, qui fait ce qu'on appelle l'esprit d'une nation, c'est-à-dire la nation elle-même. Au premier rang des sentiments qui constituent une nation est l'amour qui l'attache à elle-même et par conséquent au pays, au sol qu'elle habite, qui est la condition matérielle de son existence et de son indépendance. Cet amour d'une nation pour elle-même et qu'éprouve également pour elle chacun de ses membres, c'est ce qu'on appelle le patriotisme ou l'amour de la patrie, car la patrie, c'est à la fois la terre qui nous a donné naissance et l'universalité de nos concitoyens.

L'amour de la patrie est aussi énergique et aussi vivace dans le cœur de l'homme que l'amour de la famille dont il paraît être une conséquence et comme une extension naturelle. Nous aimons la terre sur laquelle nous sommes nés, à laquelle se rattachent nos premières affections et nos premiers souvenirs, où nous avons été élevés, soutenus, protégés pendant notre enfance, comme nous aimons notre mère et notre nourrice. Ce n'est pas seulement à cause de nous que nous l'aimons, mais aussi à cause de nos frères et de nos ancêtres : à cause de nos frères, parce que, à l'origine des nations, ce sont les descendants d'une même famille, les rejetons d'une même souche, qui forment la population d'un même pays; à cause de nos ancêtres, parce que le nom de la patrie se confond avec leurs noms, parce que la patrie, c'est la terre où ils sont nés, où ils ont vécu, où ils ont souffert comme nous, qu'ils ont arrosée de leurs sueurs, défendue au prix de leur sang, et dans le sein de laquelle reposent leurs cendres. Héritiers de leurs idées, de leurs traditions, de leurs mœurs, de leurs lois, de leurs souvenirs et de leurs espérances, nous le sommes aussi des biens qu'ils nous ont légués, de la puissance matérielle qu'ils ont créée par un labeur séculaire, et à laquelle nous ne pouvons pas renoncer sans nous trouver en quelque sorte nus et désarmés. Voilà pourquoi, quand le sol de la patrie se dérobe sous nos pieds, quand nous en avons été arrachés, sans espérance de retour, par quelque force supérieure à notre volonté, il nous semble que c'est la vie elle-même qui nous abandonne, la vie physique aussi bien que la vie morale. Nulle part l'amour de la patrie n'a été mieux peint que dans le fameux psaume *Super flumina Babylonis.....*

« Sur les fleuves de Babylone nous étions assis et nous pleurions en pensant à Sion... S'il m'arrive jamais de t'oublier, ô Jérusalem, que ma main droite se dessèche; que ma langue reste attachée à mon palais dès l'instant que je cesserai de me souvenir de toi (1). »

Cependant l'amour de la patrie suppose quelque chose de plus encore que les liens, d'ailleurs si puissants, que nous venons d'énumérer. Il suppose la liberté. Le citoyen seul a une patrie; l'esclave, le serf, le sujet d'un roi absolu n'a qu'un pays natal. Pour la même raison on ne doit regarder comme

---

(1) Psaume cxxxvi selon la Vulgate, et cxxxvii selon le canon hébreu.

des compatriotes que ceux qui jouissent des mêmes droits et qui sont soumis envers leur pays aux mêmes devoirs, en un mot ceux qui peuvent se dire concitoyens.

La communauté des devoirs et des droits forme à elle seule comme une patrie invisible, source des plus nobles et des plus généreuses inspirations. Aussi, nulle part, le patriotisme n'a-t-il atteint un plus haut degré de puissance que chez les nations libres de l'antiquité et des temps modernes. Quelques milliers de Grecs suffisent pour repousser l'invasion d'un million de barbares. Une seule ville, animée par la passion de la liberté et de la gloire, étend de proche en proche sa domination sur les peuples voisins et finit par devenir la maîtresse du monde. Mais voici dans notre propre pays, à une distance de quatre siècles, un miracle de patriotisme non moins étonnant. Une simple paysanne, une gardeuse de moutons, unissant dans son cœur le culte de son pays à la plus fervente et la plus naïve piété, délivra la France des armées et de la domination de l'étranger. C'est le désir d'affranchir à la fois leur patrie et leur conscience qui a donné à la petite nation des Pays-Bas le courage et la force nécessaires pour secouer le joug d'une puissance aussi formidable que celle de l'Espagne du xvie siècle. Après la révolution de 1789, quand toutes les nations de l'Europe se sont coalisées contre la France pour lui faire expier le crime d'avoir voulu être libre, c'est avec des armées de volontaires affamés et à demi nus qu'elle défend son territoire et sa liberté naissante.

L'amour de la patrie, ennobli par l'amour de la liberté tel que le comporte un État bien organisé et bien gouverné, est seul capable d'accomplir ces merveilles. Il donne à tout un peuple l'unité de conscience et de volonté qui semblerait n'appartenir qu'à l'individu ; il donne à l'individu la force, la résistance, souvent la grandeur héroïque de tout un peuple, parce que chaque citoyen, s'il est vraiment digne de ce nom, s'identifie avec son pays.

XXX

Devoirs du citoyen envers l'État : — Obéissance et respect que le citoyen doit à la constitution et aux lois de l'État. — Obéissance et respect qu'il doit aux dépositaires de l'autorité. — — Motifs sur lesquels repose chacun de ces devoirs.

Sachant quelles sont les conditions générales sur lesquelles repose l'existence de l'État, nous avons maintenant à rechercher quelles sont les règles de conduite qui découlent de ces conditions, ou quels sont les devoirs réciproques de l'Etat et des citoyens.

Nous avons montré (chap. XXIX) comment l'Etat ne peut se passer de lois. Or, les lois qui appartiennent à un Etat régulier se divisent nécessairement en deux grandes classes. Les unes déterminent la forme de son gouvernement et les rapports du gouvernement avec la nation : ce sont les lois politiques. Les autres règlent les rapports des citoyens entre eux : ce sont les lois civiles. Ainsi, dans notre pays, les lois qui définissent les conditions qu'il faut réunir pour être électeur et éligible, celles qui fixent les attributions des conseils généraux, des conseils d'arrondissement et des conseils municipaux, sont des lois politiques. Parmi les lois civiles, il faut comprendre celles qui se rapportent au mariage, aux successions, aux donations, à l'exercice du droit de tutelle, aux contrats, etc. A ces deux espèces de lois se rattachent toutes les autres à titre de sanction ou de simple complément,

Telles sont les lois pénales, les lois administratives, les lois de procédure, etc.

Les lois civiles proprement dites ont un égal degré d'autorité ou reçoivent de la part du législateur la même consécration. Il n'en est pas ainsi des lois politiques. Celles qui déterminent, comme nous disions tout à l'heure, la forme du gouvernement, le nombre et les attributions des pouvoirs dont il se compose et les rapports que ces pouvoirs sont tenus de conserver entre eux, celles-là sont les lois fondamentales et forment ce qu'on appelle la constitution de l'État. Les éléments de la vie politique qui n'ont point sur le corps social cette influence suprême, sont régis par de simples lois, accessibles à tous les changements que sollicitent les circonstances ou l'état de l'opinion publique.

Il est clair que le premier devoir du citoyen est de respecter scrupuleusement et, autant que cela est en son pouvoir et rentre dans son droit, de faire respecter la constitution de son pays. La constitution, c'est le contrat sur lequel reposent la liberté, la sécurité, l'existence même de la société dans les limites de l'État sur lequel elle règne. Lui refuser son obéissance, conspirer contre elle, s'efforcer de l'altérer ou de la détruire, c'est donc un acte de rébellion et, si l'on peut parler ainsi, une tentative de meurtre contre l'ordre social. La constitution détruite, toutes les lois sont virtuellement abrogées, puisqu'elle en est le fondement et que les pouvoirs qui ont reçu d'elle la mission de les exécuter ou de les interpréter se trouvent ensevelis sous ses ruines. La constitution détruite, c'est la force substituée au droit, c'est la légalité remplacée par l'arbitraire et trop souvent l'ordre par l'anarchie. Que ces effets se produisent ou non, l'action dont ils sont la conséquence logique n'en est pas moins criminelle, et ce n'est pas assez de dire qu'elle est un crime envers l'Etat; puisque l'État est nécessaire à la réalisation de l'ordre social, et que hors de la société l'homme s'élève difficilement à la conscience de ses devoirs, on peut les considérer comme un attentat contre les lois de la morale.

Les lois ordinaires, soit qu'elles appartiennent à l'ordre civil ou à l'ordre politique, intéressent moins directement, sans doute, l'existence de l'État, et par suite celle de la société ; mais elles sont nécessaires ou à sa dignité, ou à sa justice, ou à sa prospérité, ou à la moralité des individus, à la conservation, à la paix intérieure des familles, et celui qui les viole sciemment, dût-il échapper à la répression pénale qu'il a méritée, n'en est pas moins coupable devant le tribunal de la conscience. C'est une obligation morale d'observer les lois de la société dans laquelle on vit, puisqu'il faut, par nécessité et par devoir, appartenir à une société et qu'il n'y en a aucune qui puisse subsister si l'obéissance n'est assurée à ses lois. D'ailleurs, celui qui vit dans une société et qui accepte ses bienfaits, ne fût-ce que la protection dont elle couvre sa personne et ses biens, s'engage implicitement à remplir les conditions sous lesquelles cette protection lui est assurée. Comment admettre qu'un engagement contracté envers la société tout entière est moins sacré que celui qui nous lie envers un individu?

La même soumission, le même respect qui sont dus par les citoyens à la constitution et aux lois, s'étendent nécessairement aux pouvoirs individuels ou collectifs, aux corps constitués ou aux magistrats qui, aux termes de la loi fondamentale, sont chargés du gouvernement et de la défense de l'État, et par qui les lois doivent être interprétées ou mises à exécution. Sous une forme de gouvernement ou sous une autre, sous une monarchie ou sous une république, ce devoir existe également et s'impose à toutes les consciences, avec une égale autorité, parce qu'il résulte de l'essence même de l'ordre social. L'État ne pourrait subsister un instant sans un pouvoir dont le rôle consiste, sous des conditions et dans des limites fixées par la constitution, à agir, à parler, à traiter en son nom, à pourvoir, au dehors, à la défense de son indépendance, de son honneur, de sa légitime influence dans le monde, et au dedans à sa conservation, à sa sécurité, à l'exécution de ses lois, à la répression des désordres publics ou privés. Rendre à ce pouvoir l'obéissance qu'il a le droit d'exiger de nous, ce n'est pas assez; il faut à la soumission matérielle joindre celle de la volonté en les relevant l'une et l'autre par le respect et le sentiment du devoir. Honorer ainsi l'autorité, c'est honorer la nation à laquelle on appartient et la société en général, c'est s'honorer soi-même, puisque la dignité du citoyen est inséparable de celle de l'État; ce n'est point s'abaisser devant un homme, c'est s'incliner devant la majesté de la loi.

Ce que nous disons du pouvoir suprême s'applique à tous les autres pouvoirs légalement constitués, aux magistrats de toutes les classes et de tous les rangs, dans une étendue proportionnée à la nature et à l'importance de leurs fonctions. Partout où nous apercevons un représentant de l'autorité publique remplissant avec conscience les devoirs de sa charge et exécutant la loi dans la mesure de ses attributions, c'est la loi elle-même que nous voyons devant nous et c'est elle que nous devons respecter dans la personne de son ministre, sans qu'il nous soit interdit d'accorder aussi à l'homme la considération dont il nous paraît digne par lui-même. Accepter en toute circonstance et sous toutes les formes le joug de la loi, c'est, dans l'ordre civil et politique comme dans l'ordre moral, le seul moyen d'être libre et de mériter la liberté. Rien n'est plus près de la servilité que l'esprit de révolte, et réciproquement.

XXXI

Autres devoirs du citoyen envers l'État : il est obligé de prêter main-forte à l'exécution des lois, s'il en est requis par l'autorité compétente. — Il est obligé, quand la patrie est en péril, quand son indépendance est menacée, de contribuer à sa défense et de lui faire le sacrifice, non-seulement de ses intérêts, mais de sa vie.

Le respect des lois étant, comme nous l'avons dit (chap. xxx), le premier besoin de l'Etat et le premier des citoyens, il ne suffit pas que nous-mêmes nous les observions scrupuleusement, il faut encore, quand les circonstances le réclament, nous tenir prêts à empêcher qu'elles soient violées par les autres. Sans doute ce soin regarde avant tout le pouvoir, ou, pour l'appeler de son nom le plus populaire, le gouvernement et ses différents délégués. Mais lorsque, n'ayant pas la force nécessaire à l'accomplissement de leur tâche, les représentants de l'autorité appellent à leur aide les simples citoyens, ceux-ci sont rigoureusement obligés de leur prêter leur concours. C'est la loi elle-même, la loi en détresse qui les invite par leur organe à la secourir, ou, pour mieux dire, qui les invite à pourvoir à leur propre défense, car la loi, c'est la protection de tous, c'est la sauvegarde de la société. Que la loi soit violée impunément au préjudice d'un seul, c'est la société tout entière qui souffre et qui est menacée. Aussi il n'existe point de préjugé plus aveugle, plus dangereux, que celui qui porte la foule à regarder comme des ennemis les ministres subalternes du pouvoir et comme un innocent persécuté le perturbateur de la paix publique, même le malfaiteur vulgaire qu'ils conduisent en présence de la justice. Qu'un tel sentiment ait pu exister dans un temps où le pouvoir se confondait avec l'arbitraire, on le conçoit ; mais à une époque de légalité et de publicité, il est aussi illibéral que déraisonnable ; il associe ceux qui l'éprouvent à la révolte et au crime par une sorte de complicité morale.

Prêter main-forte à l'exécution de la loi quand l'autorité réclame notre concours, c'est servir l'Etat d'une manière indirecte et à de rares intervalles. La patrie a droit de compter sur nous d'une manière plus effective et plus régulière. Nous sommes obligés de la faire vivre de notre bien et de la soutenir de notre bras ; en d'autres termes, de lui payer l'impôt et de lui prêter le service militaire.

L'impôt, considéré d'une manière générale, c'est la portion de son revenu que la nation, par l'organe de ses mandataires, consacre annuellement aux besoins de l'Etat. L'Etat, pas plus que la famille, pas plus que l'individu, ne peut se passer d'un revenu, ne peut subsister sans ressources. Une armée, une marine sont nécessaires à sa défense ; il faut qu'il les entretienne, qu'il fournisse les engins, l'équipement, les munitions dont elles ont besoin. Des magistrats, des fonctionnaires de toute espèce sont chargés par lui, les uns de l'administration de la justice, les autres de celle des deniers publics, d'autres de l'exécution des lois et des décrets émanés du gouvernement ; il faut qu'il les paye, puisqu'ils se consacrent entièrement à son service ; il faut qu'il leur assure une existence conforme à la dignité de leur tâche. Il est dans l'obligation de faire construire et de conserver en bon état des routes, des canaux, des ports de mer, des digues, des édifices, des monuments, des travaux de différents genres : comment le pourrait-il s'il n'avait à sa disposition des sommes proportionnées à ces dépenses? La nation seule peut les lui fournir, et la nation, c'est la totalité des citoyens.

Il n'y a que les mandataires, ou, comme on les appelle dans le langage constitutionnel de notre temps, il n'y a que les députés de la nation, revêtus de ce caractère par un libre suffrage, qui aient qualité pour voter l'impôt; car la propriété est inviolable dans l'ordre politique comme dans la vie privée, et si la nation n'avait pas le droit de disposer elle-même de ses richesses, elle serait livrée à la merci d'un maître qui aurait la faculté de l'exploiter à son gré, elle cesserait de s'appartenir. Mais l'impôt une fois voté par les fondés de pouvoir du pays, tous sont tenus d'y contribuer en raison de leurs moyens, parce que tous participent aux bienfaits des diverses institutions qu'il est destiné à soutenir et dont l'ensemble représente, sous une forme déterminée, l'ordre social. Payer l'impôt n'est donc pas seulement une obligation imposée par la loi, c'est un devoir de conscience, c'est une dette à laquelle on ne peut se soustraire en totalité ou en partie, par la fraude ou par le mensonge, sans manquer à la probité aussi bien qu'à la vérité. Celui qui dissimule aux yeux du fisc une matière, une transaction, un avantage, l'exercice d'une profession que la loi a déclarés imposables, celui-là est coupable à un double point de vue : il trahit ses obligations envers l'État; il se décharge de sa part contributive sur ses concitoyens, ou, pour nous servir d'une expression familière, il fait payer les autres à sa place. Qu'une telle conduite ne soit pas celle d'un bon citoyen, cela est évident; mais ce n'est pas non plus celle d'un honnête homme.

Le service militaire est une dette comme l'impôt et s'appelle, non sans raison, l'impôt du sang; mais, grâce à l'adoucissement des mœurs et aux progrès de la civilisation, il est devenu une dette moins générale. Autrefois, dans les républiques de l'antiquité et dans plusieurs villes libres du moyen âge, tous les citoyens étaient soldats, et restaient soldats jusqu'à leur vieillesse. La guerre était l'état habituel du monde et la seule occupation permise à des hommes libres. Chez les peuples modernes, la guerre est devenue une exception; l'industrie, le commerce et les arts, loin d'être incompatibles avec la liberté, étant regardés, au contraire, comme le fruit de la liberté même et comme la condition indispensable de la prospérité des Etats, le fardeau du service militaire ne pèse plus que sur un certain nombre de têtes désignées par le sort. Tous ceux que le sort a épargnés restent étrangers à l'armée, à moins qu'ils n'y soient entrés volontairement comme dans une carrière. Il y a même des Etats assez bénis du ciel, pour pouvoir se contenter d'enrôlements volontaires et où, par conséquent, le service militaire n'est ni un impôt, ni une dette, mais une simple profession.

Là, au contraire, où le recrutement de l'armée a lieu par le sort, il est clair que les citoyens ne s'appartiennent pas, ne peuvent disposer d'eux-mêmes, tant que le sort n'a pas prononcé sur leur compte. Ils se trouvent alors sous l'empire d'une obligation solidaire, d'une dette contractée en commun, dont une libéralité de la fortune peut seule les affranchir. Ceux qui obtiennent cette grâce, très-différente d'un privilége ou d'une faveur, ont sans doute lieu de se féliciter; mais ceux qui ne l'obtiennent pas ne sont pas admis à se plaindre; car, aussi longtemps que subsistera la guerre, aussi longtemps que les nations modernes croiront nécessaires de rester en armes les unes en face des autres, ils ne feront que remplir un devoir strictement prescrit par la justice. L'État a besoin de bras pour se défendre, comme il a besoin d'argent pour vivre, et qui le défendrait, sinon ceux qu'il défend lui-même et qui par leur âge et leurs forces sont particulièrement propres à lui rendre ce service ?

Il y a dans la vie des États les mieux constitués des moments critiques où leurs forces habituelles, soit qu'ils les demandent aux engagements volontaires ou au recrutement par le sort, à la conscription, comme on l'appelle habituellement, ne sont plus suffisantes pour les protéger. C'est lorsqu'une coalition des puissances étrangères vient les menacer dans leur indépendance, dans leur existence même, et se prépare à envahir leur territoire. Alors, par un libre élan des cœurs, sans attendre l'injonction de la loi, toute distinction doit disparaître entre ceux que le sort a appelés et ceux qu'il a laissés dans leurs foyers, entre ceux qui ont déjà payé leur dette et ceux qui attendent encore le jour de l'échéance, entre ceux qui ont passé l'âge et ceux qui ne l'ont pas atteint. Les uns offriront leurs biens, si, par malheur, ils n'ont que des biens à offrir; les autres offriront leur vie. Même les femmes et les enfants, les infirmes et les malades pourront se rendre utiles quand les souffrances de la guerre auront commencé. La patrie est une mère ; quand sa vie est en péril, tous ses enfants doivent se presser autour d'elle et lui faire un rempart de leurs corps. Leurs corps et leurs cœurs lui appartiennent; elle ne peut subsister sans eux.

XXXII

Du devoir qu'a le citoyen d'exercer avec justice et loyauté les droits que lui confère la Constitution et les lois. — Dans l'accomplissement des actes de la vie civile, il doit avoir en vue le bien général et s'inspirer des motifs que la conscience lui dicte. — Du courage civil.

Le citoyen n'a pas seulement des devoirs, il a aussi des droits, et l'exercice de ces droits dans la mesure où il dépend de sa seule volonté, est pour lui la source de nouvelles obligations. Les droits du citoyen, comme les lois sous la protection et l'autorité desquelles il est admis à en faire usage, appartiennent à l'ordre civil ou à l'ordre politique. Les droits civils trouvent leur application dans la vie privée, dans les relations individuelles que nous avons, soit avec les membres de notre famille, soit avec nos concitoyens en général. Tels sont, par exemple, les droits réciproques des époux, ceux des parents sur leurs enfants et des tuteurs sur leurs pupilles. Tels sont, avant tout, les droits qui résultent de la liberté individuelle et de la propriété, le droit de contracter, d'exercer une action en justice, de disposer de son bien par échange, aliénation, donation ou testament, etc. Les droits politiques sont ceux qui entrent dans la vie publique, dans les rapports du gouvernement avec les gouvernés, et dont l'exercice se fait sentir, directement ou indirectement, sur le corps social tout entier. Le droit de choisir les mandataires de la nation chargés par la Constitution de faire les lois, de voter l'impôt et de contrôler les actes du gouvernement; le droit d'être éligible à ces fonctions supérieures, celui de dire publiquement son avis sur les actes du pouvoir, celui de faire partie ou de nommer les membres de toute assemblée investie d'une autorité publique, voilà ce qu'on appelle les droits politiques, parce qu'ils intéressent l'Etat tout entier. Les uns et les autres, les droits civils et les droits politiques, quelque soin qu'ait mis le législateur à les circonscrire dans des limites les plus précises, laissent toujours une grande place à notre libre arbitre et, par conséquent, ont besoin d'être réglés par la loi morale encore plus que par la loi écrite.

La règle commune que la loi morale impose à l'exercice de nos droits civils, c'est de les ramener, autant qu'il est en notre pouvoir, à nos droits naturels; car, après tout, nous n'en avons pas d'autres, et ce sont les seuls que le législateur ait pu avoir l'intention de placer sous la garantie de la loi positive. Comprendre nos droits civils de telle façon qu'ils se confondent avec nos droits naturels, c'est les subordonner, comme le doit être notre vie tout entière, à l'idée absolue de l'honnête et du juste, aux devoirs que la conscience nous prescrit à l'égard de nos semblables et à l'égard de nous-mêmes. Ainsi, que nous vivions dans un pays où le droit de tester ne connaît pas de limites, où le divorce est autorisé et peut être obtenu pour les motifs les plus frivoles, nous n'oublierons pas les obligations que nous avons à remplir envers nos enfants, nos parents et nos proches, envers tous nos enfants au même degré, à moins qu'ils ne se soient rendus indignes de notre sollicitude et de notre tendresse. Nous nous souviendrons aussi que le mariage, s'il n'est un lien sacré qui embrasse toute la durée et toutes les facultés de notre existence, se confond avec le libertinage et rend la famille impossible; en un mot, nous n'userons pas du pouvoir qui nous est donné d'être iniques. Que la loi nous reconnaisse, contre un débiteur insolvable, le droit de le mettre à nu et de lui ôter jusqu'à sa liberté, par conséquent de l'enlever à sa profession, à sa famille, à l'espérance même de réparer le dommage qu'il nous a causé, l'humanité, sinon la justice, nous défendra d'aller aussi loin. N'y a-t-il pas des traités, des contrats, des conventions particulières, dont l'humanité et l'équité naturelle nous défendent de nous prévaloir contre un faible, un imprudent ou un malheureux, tandis que la loi nous permet d'en poursuivre l'exécution littérale? Dans toutes les circonstances où nous sommes armés par la loi civile de pouvoirs excessifs, ne manquons pas de nous dire à nous-mêmes qu'il n'y a pas de droit contre le droit et que le code le plus parfait ne vaut pas encore celui que Dieu a écrit dans notre conscience.

La même règle, la même idée de l'honnête et du juste s'applique à l'exercice de nos droits politiques; mais elle reçoit alors une autre expression. L'exercice des droits politiques doit toujours avoir pour but, non l'intérêt et le bien particulier de chaque citoyen, non l'intérêt et le bien particulier d'une classe, d'une caste, s'il y en a encore, d'un parti plus ou moins nombreux, mais l'intérêt et le bien général de l'État. C'est la conséquence évidente de la définition que nous avons donnée des droits politiques, c'est-à-dire de leur nature, de leur essence même. Il est facile de se représenter les circonstances dans lesquelles cette règle doit être suivie. Sommes-nous appelés, par exemple, à être un député, un conseiller général, ou même un modeste conseiller municipal, demandons-nous si le nom que nous allons déposer dans l'urne est bien celui de l'homme que nous jugeons le plus capable de faire les affaires du pays, du département ou de la commune et non celui d'un ami, d'un parent, d'un protecteur, d'un protégé de nos protecteurs. Tenons-nous dans notre main une plume de journaliste, interrogeons-nous sévèrement, avant d'écrire, sur les motifs qui nous portent à blâmer ou à louer les actes du gouvernement et de ses délégués. Ayons le courage, avant de juger les autres, de nous faire notre procès à nous-mêmes et de nous assurer qu'il n'y a au fond de notre cœur ni haine, ni vengeance, ni regrets personnels, ni ambition, ni vil intérêt, mais uniquement le désir de servir notre pays en rendant hommage au bien et en dénonçant le mal.

L'impartialité ne suffit pas toujours, il faut souvent du courage pour exercer en honnête homme et dans le seul intérêt de la société ses droits de citoyen. C'est lorsque autour de nous se déchaînent des passions aveugles qui ne souffrent ni résistance ni contradiction et menacent de renverser celui qui ne les partage pas, ou lorsqu'une pression puissante est exercée sur nous qui veut nous empêcher, par la corruption ou par la peur, d'écouter la voix de notre conscience et nous place entre notre devoir et nos intérêts, même nos affections les plus légitimes. Le courage que réclame cette situation, heureusement devenue exceptionnelle, ce n'est pas celui du soldat, mais celui du citoyen et de l'homme de bien ; ce n'est pas le courage militaire, qui s'exalte par le tumulte du champ de bataille, c'est le courage civil, toujours calme et réfléchi au milieu de l'orage, toujours fidèle à la raison et à la loi. L'un est aussi nécessaire et aussi méritoire, il faut ajouter aussi obligatoire, que l'autre. L'un est la condition de l'indépendance et de l'honneur extérieur d'une nation, l'autre de sa liberté intérieure.

XXXIII

Devoirs de l'État envers le citoyen. — En retour des sacrifices qu'il lui demande, l'État doit respecter et protéger le citoyen dans ses droits et dans ses intérêts légitimes. — Il doit venir en aide à l'individu et à la famille et suppléer à leur insuffisance pour assurer le développement intellectuel et moral de la société.

Les devoirs du citoyen envers l'État ne peuvent se comprendre ni se réaliser sans les devoirs de l'État envers le citoyen ; ils sont inséparables les uns des autres, car la société ne peut pas plus se passer des individus, que les individus de la société.

Le premier devoir de l'État envers le citoyen, c'est de le protéger dans sa personne et dans ses biens, dans sa vie et dans sa propriété, tout à la fois contre les agressions du dehors et contre les violences et les ruses du dedans. Son gouvernement, ses lois, sa police, sa justice, n'ont aucune puissance ni aucune valeur et peuvent être considérés comme n'existant pas s'ils ne produisent ce premier résultat.

Mais la sécurité n'est que le moindre des avantages que le citoyen doit attendre de l'État. La société et, par conséquent, l'État, qui en est la plus haute expression, doit veiller à ce que chacun de ses membres puisse développer les facultés dont Dieu l'a doué, ou, ce qui revient au même, puisse accomplir tous ses devoirs et jouir de tous ses droits. La jouissance de tous nos droits sous la garantie commune de la loi, le pouvoir de faire usage de nos facultés et de nos forces sans nuire au développement des facultés d'autrui, voilà ce que l'on comprend, dans l'ordre civil, sous le nom de liberté. Outre la sécurité, l'État est donc obligé de garantir aux citoyens la liberté, dans la mesure où celle de chacun est compatible avec celle de tous, dans les limites où il est indispensable de la circonscrire pour qu'elle ne soit ni oppressive pour les individus, ni menaçante pour la communauté. C'est pour cela même que l'État est nécessaire; c'est sur ce fondement que repose son autorité, c'est-à-dire celle de ses lois, de son gouvernement et de ses magistrats; c'est de ce principe que découlent tous les devoirs des citoyens envers lui; il justifie en même temps qu'il limite les sacrifices qu'on peut exiger d'eux au nom de l'intérêt commun. Remarquons en outre que ces deux choses, la liberté et la sécurité, se supposent réciproquement. Sans la sécurité la liberté n'est qu'un mot, car évidemment nous ne sommes pas libres quand nos personnes et nos biens sont à la merci du premier venu. La sécurité sans la liberté n'est pas plus réelle. Qui est-ce qui peut compter sur sa vie et sa propriété en présence d'une autorité à peu près sans limites qui peut défendre, sous peine de mort ou de confiscation, tout ce qu'il lui plaît, même les choses les plus impérieusement exigées par l'honneur ou par la conscience? Est-ce que les chrétiens, sous le règne de Néron et de Dioclétien, n'aimaient pas mieux mourir que de renier leur foi? Est-ce que, dans tous les temps, les victimes de l'intolérance n'ont pas fait de même, quelle que fût la religion des persécuteurs ou celle des persécutés ?

Nous ne parlerons pas de la garantie qui est due par l'État à l'honneur des citoyens; car elle est une conséquence nécessaire de la double obligation que nous venons de lui reconnaître. Celui-là n'est pas en sûreté, celui-là n'est pas libre qui peut être outragé impunément, qui peut être calomnié et diffamé, soit dans sa personne, soit dans les êtres qui le touchent de près. L'insulte et la violence, l'insulte et l'oppression sont étroitement liées l'une à l'autre et se répondent l'une à l'autre dans le silence ou l'impuissance des lois. La seule crainte de l'insulte, quand il n'existe aucun moyen de se défendre contre elle, est déjà une forme de la servitude.

Empêcher la violence, l'oppression et l'outrage, protéger les citoyens dans leur vie, dans leurs biens, dans leur honneur, dans le légitime exercice de tous leurs droits, c'est réprimer le mal. Mais l'État ne doit pas se borner à réprimer le mal ; cette tâche est au-dessus de ses forces, s'il ne concourt en même temps, de tout son pouvoir, à la réalisation du bien, ou s'il ne vient en aide au citoyen dans l'accomplissement de ses devoirs, s'il ne met à sa portée les moyens de développer ses facultés et d'atteindre le but de son existence. Ils sont vains, en effet, tous les efforts qu'on peut faire pour empêcher ou étouffer le mal, quand le mal a sa racine, sa cause permanente dans le cœur de la société. C'est ce qui arrive quand la majorité de la nation reste plongée dans l'ignorance, par l'absence des moyens de s'instruire; dans l'abrutissement, par l'absence de toute éducation et de toute influence morale ; dans la misère, par l'ignorance des ressources et des intérêts matériels du pays, par la négligence des arts qui nourrissent, qui enrichissent un peuple en l'ennoblissant par le travail.

Il faut donc que l'État, même s'il ne veut assurer que le triomphe de l'ordre et de la justice, exerce, en évitant tout ce qui ressemble à la contrainte, une action initiatrice sur les idées, les sentiments, le bien-être des individus, et supplée par sa prévoyance et par sa libéralité à leur insuffisance.

Il faut qu'il distribue à toutes les classes de la société, à chacune selon ses occupations et ses besoins, la nourriture de l'intelligence. Il faut qu'il leur assure une éducation propre à leur inculquer non-seulement l'amour, mais l'habitude du bien, le respect des lois et des institutions publiques, le culte de la patrie et de la famille, et, avant tout, ces saintes croyances en une providence et une justice divines qui, sous des formes diverses réclamées par la liberté de conscience, sont à la fois l'honneur, la force et la consolation du genre humain. En vain a-t-on amoncelé des sophismes pour démontrer le contraire ; quand les particuliers, sous certaines conditions nécessaires à l'ordre général, ont de leur côté la liberté d'enseigner, ce n'est pas seulement le droit de l'Etat de distribuer généreusement toutes les connaissances et de mettre l'éducation publique en harmonie avec les lois ; c'est une des conditions de son existence et un de ses plus impérieux devoirs.

Il faut aussi que, par une vigoureuse impulsion imprimée à l'industrie et aux arts, par de sages négociations qui ouvrent des marchés au commerce, par un emploi utile de toutes les espèces de talents et de forces, par des institutions diverses destinées à prévenir ou à soulager les situations les plus malheureuses de la vie, il ménage aux besoins matériels une satisfaction légitime, il fasse de la place pour toutes les aptitudes, pour tous les genres d'activité, et en laisse le moins possible à la misère, cette conseillère du mal, comme l'ont appelé les anciens.

Dans cette question de l'assistance que l'Etat doit prêter à l'individu, il y a deux erreurs à éviter aussi dangereuses l'une que l'autre. Il faut se mettre en garde contre ce faux libéralisme qui, ne voyant pas dans la société de plus dangereux ennemi que le pouvoir, s'occupe uniquement à l'énerver, à lui ôter toute influence, et voudrait réduire le gouvernement d'un

Etat aux attributions d'une simple police. Il faut repousser également les utopies qui dépouillent, et, pour ainsi dire, anéantissent l'individu au profit de l'Etat; qui, pour ôter au premier tous les soucis de la vie, lui ôtent aussi l'usage de sa liberté, et font du second un atelier, un comptoir, une église, tout, excepté une société composée d'êtres raisonnables et libres. La société, à l'exemple de la divine providence, doit venir en aide à l'individu sans porter atteinte à sa responsabilité et en lui laissant les obligations qui sont la source de sa dignité et de ses droits.

QUATRIÈME SECTION

DEVOIRS DES ÉTATS ENTRE EUX, DES NATIONS ENTRE ELLES, OU DROIT DES GENS

XXXIV

Obligations de l'homme à l'égard de ses semblables transportées de l'individu à une nation tout entière. — Obligation de respecter une nation dans sa vie propre, c'est-à-dire dans sa liberté et dans son indépendance. — Obligation de respecter une nation dans son honneur et dans sa dignité. — Obligation de respecter une nation dans ses biens ou dans son territoire.

Après les devoirs réciproques de l'individu et de l'Etat, on est naturellement amené à rechercher quelles sont les obligations d'un Etat ou d'une nation à l'égard des autres, ou quels doivent être, selon les règles de la justice, selon les lois éternelles de la morale, les rapports mutuels des nations. On considère habituellement la solution de cette question comme l'objet d'une science distincte, à laquelle on a donné le nom de droit des gens ou de droit international. Mais le droit des gens, par ses principes essentiels, ne peut être autre chose qu'une partie de la morale sociale; car, ainsi que les trois précédentes, il repose nécessairement sur les idées de droit et de devoir.

Lorsqu'on traite du droit des gens, on se sert indifféremment des mots *Etat* et *nation*. Cependant ces deux expressions ne sont pas complétement équivalentes. Une nation, tant qu'elle conserve son indépendance, forme sans doute un Etat, c'est-à-dire une société organisée, qui obéit à des lois et qui a son propre gouvernement; mais un Etat n'est pas nécessairement une nation; car il peut être le résultat passager d'une volonté souveraine ou d'une simple convention. Tels étaient, au commencement de ce siècle, la république cisalpine, le royaume d'Etrurie et celui des Pays-Bas. Qu'est-ce donc qu'une nation?

Il ne faut pas confondre les nations avec les races. Une race est composée d'hommes issus du même sang et qui appartiennent au même type sans appartenir nécessairement au même peuple et au même pays. Elle peut être dispersée sur toute la surface de la terre sans perdre aucun de ses caractères, pourvu qu'elle reste pure de tout mélange. Une nation, c'est une association d'hommes et une suite de générations qui ont joué un rôle commun dans l'histoire de la civilisation, qui parlent la même langue, qui ont concouru aux mêmes chefs-d'œuvre et exercé la même influence, qui reconnaissent les mêmes lois, les mêmes traditions, les mêmes intérêts, dans lesquels circulent, en quelque façon, la même vie, le même esprit, la même force, et à qui il est impossible de n'avoir pas conscience de cette union. « Quand des millions d'hommes, dit un illustre historien de nos jours (1), ont porté pendant des siècles le même nom, parlé le même langage, re-

---

(1) M. Guizot, *l'Eglise et la Société chrétienne en 1861*, p. 168.

gardé les mêmes grands hommes comme leurs pères, et les mêmes chefs-d'œuvre de l'esprit comme leur gloire commune, on est mal venu à leur refuser leur parenté intime et leur titre de nation. » Une nation peut donc être considérée comme un être spirituel, comme une personne collective, qui a dans l'ordre moral le même rang et le même caractère que la personne individuelle. De là le premier de ses droits : le droit d'être respectée dans son existence, ou ce qui, pour une nation, est exactement la même chose, dans son indépendance, dans sa liberté. De là aussi le premier de ses devoirs : le devoir de respecter l'indépendance et la liberté des autres nations.

L'indépendance des nations repose sur le même principe et se justifie par les mêmes titres que la liberté des individus. L'homme a des devoirs; donc, il a des droits, et tous ces droits se résument dans un seul : la liberté, c'est-à-dire la propriété de soi-même, le pouvoir de disposer de ses forces, de son intelligence, de toutes ses facultés, d'une manière conforme aux lumières de sa raison, aux inspirations de sa conscience, aux conseils de son intérêt, sous la seule condition de ne pas porter atteinte à la liberté de ses semblables et aux lois qui en assurent la jouissance à la société tout entière. Une nation a son intelligence, c'est-à-dire son génie particulier, ses facultés, ses forces, dont elle a conscience comme l'individu, et dont elle ne doit compte qu'à elle-même, sous la condition de respecter le même pouvoir dans les autres Etats. Une nation, comme nous l'avons dit, est une personne collective qui a les mêmes obligations et les mêmes droits que la personne individuelle. Il est donc criminel, quand elle n'a point mérité ce sort par une injuste agression, de l'opprimer, de l'asservir et plus encore de la détruire, même si cette œuvre de destruction ne devait atteindre que son existence politique, c'est-à-dire son indépendance. Les actions qu'on regarde comme un odieux attentat contre les droits de l'humanité, quand il s'agit d'un homme isolé, par quel miracle seraient-elles permises contre des millions d'hommes réunis en un seul corps? L'esprit de conquête a fait son temps ; il n'appartient plus qu'à une foule ignorante et brutale d'applaudir aux exploits de la force; la force doit être désormais au service du droit. Or, encore une fois, le premier de tous les droits, dans l'ordre international, c'est qu'une nation n'appartienne qu'à elle-même, n'obéisse qu'à elle-même ou à un pouvoir de son choix.

Pour les nations comme pour les individus, l'inviolabilité de la propriété est une conséquence nécessaire de celle de la liberté et de la vie. Cette conséquence est plus évidente encore, s'il est possible, dans le droit international que dans les relations d'homme à homme. Une nation à laquelle on prend son territoire, même si on lui permet de l'habiter, de le cultiver, de l'exploiter comme auparavant, sous la seule condition de payer tribut, a cessé politiquement d'exister ; elle a perdu son indépendance ; elle est devenue sujette d'une nation étrangère. Il n'y a même pas d'autre moyen d'assujettir une nation que de s'emparer du pays qu'elle possède. Une telle action, quand elle n'est point expliquée par le droit de légitime défense, est tout simplement, comme l'appelle saint Augustin, un *brigandage en grand* (1). Pour comprendre à quel point elle est coupable, il faut se rappeler que le territoire d'une nation est autre chose qu'une propriété ordinaire ; c'est le sol sacré de la patrie, la tombe des aïeux, le berceau des enfants, le foyer d'une vaste fa-

---

(1) *Grande latrocinium.*

mille. Lui imprimer le sceau de la domination étrangère, ce n'est pas seulement une œuvre de spoliation inique, c'est un acte de profanation.

Il y a des Etats qui ne possèdent rien au-delà de leurs frontières. Mais il y en a d'autres qui entretiennent à grands frais, sur les points les plus éloignés, des colonies, des comptoirs, des stations maritimes, des vaisseaux d'exploration, des escadres chargées de protéger leur commerce et leurs intérêts extérieurs. Toutes ces possessions, sans inspirer le même degré de respect que le sol de la mère patrie, sont placées sous la garantie générale du droit de propriété. Ce n'est qu'au moment où elles perdent leur caractère inoffensif pour devenir des instruments d'agression, que cette garantie cesse de les couvrir.

Enfin, pour les Etats comme pour les individus, le premier et le plus indispensable de tous les biens, c'est l'honneur. L'honneur n'est pas seulement nécessaire à l'indépendance et à la vie d'une nation, c'est sa vie même dans ses rapports avec les autres Etats, c'est son indépendanc publiquement reconnue et acceptée de tous. Une nation qui n'est pas respectée dans le libre usage de ses droits, qu'on peut outrager impunément, dont la voix n'est ni consultée ni écoutée dans les discussions d'un intérêt commun, une telle nation n'existe pas pour les autres, en supposant que dans de pareilles conditions elle puisse exister pour elle-même. On se croira tout permis envers elle, et sa ruine suivra de près sa déchéance morale. L'insulte, la calomnie ne sont donc pas plus permises envers les Etats et les gouvernements qui les représentent, qu'envers les particuliers; on attente à leur indépendance par cela même qu'on les blesse dans leur honneur, et quand l'outrage s'adresse à une nation faible, incapable de se défendre, c'est joindre la lâcheté au crime, c'est se déshonorer soi-même. Qu'est-ce qui peut d'ailleurs porter les nations à se haïr et à se mépriser les unes les autres ? Ne sont-elles point sœurs ? n'ont-elles pas à remplir les mêmes destinées, à accomplir les mêmes tâches, l'œuvre toujours inachevée et indéfiniment perfectible de la civilisation ? n'ontelles pas plus à gagner à échanger les fruits de leur intelligence et de leur industrie qu'à s'opprimer et à s'abaisser mutuellement ? D'ailleurs, la plus avancée, la plus puissante par le génie et par la volonté, attire tout naturellement dans son orbite et assujettit sans violence à son action celles qui lui sont restées inférieures.

XXXV

Du droit de guerre. — Quelles sont les conditions auxquelles la guerre devient légitime. — Toute nation a le droit de se défendre contre une agression injuste ou de renverser les obstacles qui s'opposent à l'exercice de ses droits. — La raison moderne tend à modifier les notions anciennement reçues sur le droit de guerre et de conquête.

Les devoirs qui obligent les nations à se respecter mutuellement dans leur indépendance, dans leur honneur et dans leurs propriétés emportent évidemment un droit de contrainte qui n'est lui-même que le droit de légitime défense, couronnement nécessaire de tous les autres droits. C'est ce que nous avons remarqué déjà pour les devoirs de justice qui obligent tout homme à respecter la vie, la liberté, l'honneur, les biens de ses semblables, et qui découlent immédiatement des droits inhérents à notre nature. A quoi nous servirait-il que ces droits fussent déclarés inviolables par la conscience et par la loi s'ils pouvaient néanmoins être violés impunément ou s'il n'était point permis de les défendre par la force ?

Mais il y a ici une différence capitale entre les individus et les nations. A l'exception de quelques rares circonstances où il se trouve en présence de la force brutale sans pouvoir invoquer la protection de la puissance publique, l'individu n'exerce point par lui-même le droit de contrainte qu'il possède sur un injuste agresseur; il l'exerce par les mains de la société. C'est la société qui le défend toutes les fois qu'il est attaqué. C'est la société qui se charge de punir le mal qu'on lui a fait, et même c'est une des conditions de l'ordre social qu'on ne se fasse pas justice soi-même. Les nations, au contraire, sont les unes à l'égard des autres dans cette situation qu'on a appelée l'état de nature, c'est-à-dire qu'elles ne reconnaissent point de lois communes, au moins de lois écrites, ni de tribunaux communs, et moins encore une puissance autorisée à les faire fléchir devant ses décisions, et capable, au besoin, d'obtenir leur obéissance par la force. S'il en était ainsi, elles cesseraient d'être indépendantes, car elles auraient perdu la souveraineté.

Que faut-il donc qu'elles fassent lorsqu'elles sont insultées dans leur honneur, attaquées dans leurs possessions et menacées dans leur existence, c'est-à-dire dans leur iberté? Il faut qu'elles se défendent elles-mêmes, et, quand le mal est consommé, qu'elles en exigent elles-mêmes la réparation, qu'elles se fassent justice elles-mêmes, qu'à la force qui les attaque, qui les blesse ou les dépouille, elles opposent la force qui défend et qui répare. Ce droit de repousser la force par la force s'appelle, quand il s'agit des Etats, le droit de guerre. Rien donc de plus incontestable que le droit de guerre, puisqu'il répond à celui de légitime défense dont l'individu est autorisé à faire usage loin des secours de la société, et au droit de contrainte que la société exerce à sa place et dans son propre intérêt. On peut souhaiter que le droit de guerre devienne un jour inutile ; mais il est impossible de le révoquer en doute. On peut espérer qu'il sera d'une application de plus en plus restreinte chez les peuples civilisés ; mais se flatter qu'il disparaîtra complétement à une époque plus ou moins prochaine, c'est se bercer de l'illusion que les passions humaines seront un jour entièrement domptées par la raison. « La guerre sera nécessaire, a dit un célèbre publiciste (1), tant qu'il y aura des hommes disposés à la violence et qui ne voudront point permettre aux autres de vivre en paix. »

Les mêmes raisons qui nous obligent à admettre le droit de guerre déterminent les limites dans lesquelles il doit être circonscrit, ou nous apprennent dans quelles circonstances, sous quelles conditions la guerre est légitime. Puisque la guerre, considérée dans son principe, n'est que le droit de légitime défense transporté de l'individu à l'Etat, ou le droit de contrainte qui au sein de l'ordre social est exercé au profit des devoirs de justice, il est évident qu'il n'y a de guerres permises ou de *justes guerres*, comme disaient les Latins, que les guerres défensives ou réparatrices, celles qui ont pour but de repousser une agression inique ou d'obtenir la réparation d'un dommage, d'un préjudice matériel ou moral.

Quand on justifie au nom de la morale les guerres défensives, il ne faut pas prendre cette qualification dans un sens trop restreint. Les guerres défensives ne sont pas seulement celles qui repoussent l'invasion étrangère quand elle est déjà commencée ou lorsqu'elle est imminente ; ce sont aussi celles qui la préviennent et l'empêchent d'être jamais tentée contre

---

(1) Grotius, *Droit de la guerre et de la paix*, liv. I, ch. II, § 8.

nous. Un Etat commerçant et maritime réclame quelque chose de plus que le respect de son territoire et de son indépendance intérieure; il lui faut la liberté d'échanger ses produits avec les Etats étrangers et de se servir de l'Océan comme d'une grande route internationale pour les transporter où il lui plaît. Par conséquent, quand cette liberté lui est disputée, la guerre lui est permise, car la guerre n'est alors, comme dans le cas précédent, que l'exercice du droit de légitime défense. C'est le propriétaire défendant son bien contre celui qui veut l'empêcher d'en tirer profit; c'est l'industriel défendant sa liberté contre celui qui voudrait paralyser son bras; c'est le voyageur résistant à la force brutale, qui prétend l'arrêter sur un chemin public. L'Océan est, en effet, la propriété du genre humain. Personne ne peut, sans usurpation et sans violence, en réserver l'usage pour lui seul.

Le caractère défensif n'appartient pas moins clairement aux guerres que soutient une nation pour conserver l'influence qui lui est due dans les affaires du monde, en raison de son rang et de sa situation. Il y a des questions internationales qui sont, ou qui doivent être réglées en commun par tous les Etats intéressés, et lorsque, par la haine ou la jalousie des autres, l'un de ces Etats se trouve exclu de sa légitime part d'intervention, il n'excède pas son droit en la revendiquant, s'il le faut, les armes à la main. Souscrire à sa propre déchéance, ce serait s'en rendre complice et commettre, en quelque sorte, un suicide moral.

Les guerres réparatrices ont ordinairement pour but, ou de nous faire restituer un bien qu'on nous a pris, un avantage matériel ou moral dont on nous a injustement privés, ou d'exiger la réparation d'un outrage fait à notre honneur, d'un manque de respect envers le caractère public qui protége et fait reconnaître les nations dans leurs mutuels rapports. Toute guerre provoquée par l'un ou par l'autre de ces motifs est légitime, mais à la condition expresse de ne jamais dégénérer en une guerre de vengeance ou de s'arrêter devant une satisfaction proportionnée au dommage souffert. La vengeance est encore moins digne d'un Etat que d'un particulier, parce que le gouvernement qui le représente doit être au-dessus des passions aveugles et étroites de la vie privée.

Enfin, il faut regarder aussi comme une juste guerre celle qui a son principe dans un sentiment d'humanité, pur de toute pensée d'intérêt ou d'ambition; celle qui, respectant l'indépendance intérieure des nations, intervient entre le fort et le faible, pour empêcher celui-ci d'être écrasé ou opprimé par celui-là, pour empêcher le premier d'abuser de sa force, et le second de succomber par sa faiblesse. C'est une guerre de cette espèce que les grandes puissances de l'Europe ont soutenue, en 1827, contre l'empire ottoman dans l'intérêt de la Grèce. On peut attribuer le même caractère à l'expédition de Syrie, faite en 1861, par les armes de la France et avec le consentement de la Porte ottomane, pour protéger les chrétiens d'Orient contre la férocité musulmane. Quand nous trouvons sur notre chemin un homme adulte qui maltraite un enfant, ou un homme valide qui abuse de sa force contre un malade, nous croyons qu'il est, non-seulement de notre droit, mais de notre devoir de voler au secours de la victime. Pourquoi en serait-il autrement des nations ? Seulement, un Etat n'est pas autorisé comme un individu à compromettre et même à sacrifier son existence pour le salut d'autrui. Un Etat, quand il ne s'agit pas de ses intérêts propres ou de sa propre dignité, est obligé de tenir compte de l'indépendance et de la dignité des autres Etats.

Il ne suffit pas que la guerre ait un but légitime, il faut qu'elle le poursuive selon certaines règles, hors desquelles il n'y a pour les nations ni sécurité ni honneur. La première, et la plus importante de ces règles, c'est que toute guerre doit être précédée d'une déclaration de guerre, et la déclaration elle-même ne doit venir qu'après des négociations reconnues infructueuses. Avant d'attaquer son ennemi, la justice exige qu'on soit autorisé à le tenir pour tel et, par conséquent, qu'il soit mis en demeure de nous donner satisfaction ou de réparer ses torts. La justice et l'honneur tout ensemble exigent qu'on lui laisse le temps de se mettre en état de défense. Tomber à l'improviste avec toutes ses forces sur un ennemi désarmé, ce n'est plus exercer un droit, c'est commettre un acte de lâcheté et de perfidie, qui ne permet plus à aucun Etat de se croire en paix avec ses voisins, et fait de la guerre l'état permanent de la société. Un Etat représente une autorité publique qui, pour se faire reconnaître et respecter hors des limites de son territoire, est obligé de se conformer, dans la guerre comme dans la paix, aux lois reconnues de toutes les puissances. La guerre, enfin, n'étant légitime qu'autant qu'elle est au service de la justice, est tenue, comme la justice, d'avoir ses formes et ses lois.

La guerre, à l'origine des sociétés humaines, n'a pas été aussi malfaisante qu'elle l'est devenue dans des temps plus civilisés. A une époque et chez des races qui ne reconnaissaient d'autre ascendant que celui de la force, elle a été un principe d'organisation et de discipline; elle a posé les premiers fondements de la hiérarchie sociale et de la puissance politique; avec des races dispersées, elle a fait des peuples, et elle a mis les peuples les plus ignorants en communication avec les plus avancés, ceux de l'Asie avec les Grecs, les Grecs avec les Romains, et les Romains avec le reste du monde. La guerre, en réduisant les vaincus en esclavage, et en chargeant les esclaves des travaux les plus rudes et les plus grossiers, a fait aux hommes libres le loisir nécessaire pour créer et perfectionner les arts, les lettres, les sciences, la philosophie, la législation. C'est ce qui nous explique le prestige extraordinaire qui s'est attaché pendant longtemps à la guerre et aux guerriers, comment la profession des armes était réputée la plus noble de toutes, et même la seule noble, comment le droit de conquête avait fini par devenir la source de toute autorité et le fondement de tout autre droit.

Mais avec le temps, les conditions morales et économiques de la société se sont modifiées; les idées de justice, de charité et de fraternité humaine, quoique reléguées encore dans le domaine de la théorie, se sont répandues dans tous les esprits; le travail est devenu une nécessité plus générale, et a créé l'industrie qui, à son tour, a donné l'essor au commerce. L'industrie, appelant à son aide l'art et la science, a acquis une dignité que les générations antérieures ne soupçonnaient point et qui s'est communiquée de proche en proche à toutes les classes laborieuses; le sentiment de la liberté et l'amour de la paix se sont développés dans les mêmes proportions; et l'opinion publique en est venue aujourd'hui à regarder la guerre comme un héritage des temps barbares, comme un instrument de servitude, comme un fléau pour le vainqueur aussi bien que pour le vaincu. Le droit de conquête n'est plus que l'abus de la force brutale, auquel on cherche à substituer partout le libre suffrage des nations.

XXXVI

Différence entre le droit des gens naturel et le droit des gens positif. — Les relations internationales, soit qu'on les considère au point de vue des principes essentiels de la justice, ou au point de vue des conventions positives et des usages qui les règlent, ont varié selon les différentes époques de l'histoire. — Exemples.

Fondés sur la seule autorité de la raison, dépourvus de toute autre sanction que l'estime et le mépris de la partie la plus éclairée du genre humain, ou l'approbation et le blâme de l'opinion publique, les principes que nous venons d'exposer constituent, dans ses éléments les plus généraux, ce qu'on est convenu d'appeler le droit des gens naturel. Mais indépendamment de ces règles inhérentes à la nature de l'homme, et quoique l'homme n'en ait pas toujours conscience, les nations, dans leurs mutuels rapports, en reconnaissent d'autres qui sont consacrées par l'usage, par la tradition, par des conventions tacites ou écrites. Celles-ci forment dans leur ensemble le droit des gens positif.

Le droit des gens positif remonte aux premiers jours de l'histoire; on peut dire qu'il est aussi ancien que la société. Dès que deux peuples, deux Etats se sont trouvés en présence l'un de l'autre, ils ont été obligés de convenir de certains usages sans lesquels il leur était impossible de s'entendre, de se faire connaître leurs dispositions réciproques et, par conséquent, d'avoir un instant de paix et de sécurité. C'est ainsi que toute guerre faite à l'improviste, sans avoir été déclarée d'une certaine façon, fut réputée injuste; que la personne des parlementaires et des ambassadeurs fut reconnue inviolable; que le respect des traités et des serments fut reconnu la plus sainte des obligations.

Outre ces conventions générales, reçues de toutes les nations, on compte une foule de traités particuliers dont plusieurs appartiennent à l'âge biblique et sont contemporains de Moïse.

Aux différentes règles internationales qui prennent leur source dans la nécessité, dans l'intérêt et le consentement communs, sont venues se joindre, sous l'inspiration de la philosophie et de la religion, des maximes plus généreuses et plus élevées. Platon ne veut pas que les Grecs se réduisent mutuellement en esclavage. Les stoïciens, considérant le monde comme une seule cité, le genre humain comme une seule famille, étendent à tous les peuples sans exception les lois de l'humanité et de la justice. Aristote propose de régler et de discipliner jusqu'au droit de conquête. Les théologiens du moyen âge et de la Renaissance essayent de limiter le droit de la guerre aux guerres défensives. Les philosophes et les jurisconsultes de cette époque soutiennent la même cause et s'efforcent de faire prévaloir dans les relations internationales les principes d'équité que leur avait enseignés l'étude du droit civil des Romains. Quelques-uns d'entre eux défendent particulièrement l'inviolabilité des ambassadeurs, d'autres le droit des neutres et d'autres le droit de libre navigation. Toutes ces idées, recueillies, développées et présentées dans un ordre systématique, ont donné naissance à une science distincte, la science du droit des gens, dont Grotius peut être considéré comme le créateur et qui a eu pour principaux interprètes, au XVIIe et au XVIIIe siècle, Puffendorf, Leibnitz, Wolf, Burlamaqui et Vattel.

La science du droit des gens, comme toutes les autres branches des connaissances humaines, comme la morale elle-même, dont elle n'est qu'une des applications les plus importantes, s'est développée et perfectionnée avec le temps, à mesure que la conscience s'est dégagée de la passion et des grossiers instincts, à mesure que la raison, éclairée par l'expérience, a pu se convaincre que rien n'est plus avantageux aux nations comme aux individus que la pratique de la justice. Naturellement les progrès accomplis dans la science du droit des gens sont entrés peu à peu dans la pratique des gouvernements et ont établi entre les peuples de meilleurs rapports; mais il est aussi arrivé quelquefois que les faits ont devancé la science et que le progrès moral, sollicité par l'intérêt, par la nécessité ou par la conscience publique, a passé de la pratique dans la théorie.

Voici quelques exemples de ces changements heureux que le temps a amenés dans les relations internationales.

Pendant longtemps, l'état de guerre était l'état permanent des nations. Tout peuple étranger était regardé comme un peuple ennemi. On connaît la haine et le mépris des Grecs et des Romains pour les Barbares, qui leur rendaient ces sentiments avec usure. Plus tard, quand, sur la foi de l'Evangile et du Pentateuque, fut proclamé le dogme de la fraternité humaine, les haines de religion prirent la place des haines nationales; on regarda comme un devoir l'extermination des hérétiques et les expéditions armées contre les infidèles. Ces idées ont trouvé des défenseurs, même parmi les jurisconsultes, jusqu'au milieu du xvi° siècle. Encore ne peut-on pas dire que les haines nationales aient entièrement disparu devant les haines religieuses; la guerre de Cent-Ans suffirait à elle seule pour démontrer le contraire. Quant à la manière dont se faisait la guerre, on n'imagine rien de plus violent ni de plus cruel. Des populations entières, y compris les femmes, les enfants et les vieillards, étaient massacrées, ou transportées en masse dans d'autres contrées, ou vendues comme esclaves sur les marchés. Le vaincu était la propriété du vainqueur ; ceux qui avaient fait leur devoir en défendant leur pays mouraient, comme Vercingétorix, de la main du bourreau, heureux encore lorsqu'avant de subir le dernier supplice ils n'avaient pas été, à la suite d'un char triomphant, livrés à la risée d'une vile populace.

Aujourd'hui, la guerre est devenue l'exception ; l'opinion publique ne la reconnaît pour légitime que lorsqu'elle a pour but la défense des droits qui sont l'honneur, l'indépendance et la vie d'une nation. Toutes les rigueurs inutiles à l'accomplissement de ce devoir lui sont expressément interdites. La vie des prisonniers recueillis sur le champ de bataille est devenue inviolable, à plus forte raison celle des populations désarmées. On croit s'honorer soi-même en rendant hommage au courage malheureux, et chacune des deux parties en présence ne traite pas avec moins d'humanité les blessés de l'ennemi que les siens.

La guerre, autrefois, était tellement la loi générale du monde, que la neutralité était impossible auprès de deux nations armées l'une contre l'autre. Dans aucune langue de l'antiquité on ne trouve un mot qui s'applique à cette situation et qui traduise exactement ce que nous entendons par un peuple neutre. C'est que les anciens n'admettaient pas le droit de rester en paix quand on avait la guerre auprès de soi. Ceux qui n'étaient pas des alliés étaient réputés des ennemis. Il en était de même au moyen âge et au commencement de l'ère moderne. Même au milieu du XVIIe siècle, après que Grotius eut publié son *Traité de la guerre et de la paix*, après tant d'autres traités du droit des gens qui ont succédé à celui-là, les neutres étaient sacrifiés aux belligérants. Au nom du prétendu droit de la nécessité, les derniers s'arrogeaient sur les premiers un pouvoir presque illimité; ils se croyaient permis de traverser le territoire neutre avec leurs armées, de s'emparer des forteresses neutres et de les démolir, de prendre sur mer des bâtiments neutres chargés de marchandises destinées à l'ennemi ou utiles à eux-mêmes, de paralyser leur commerce en proclamant des blocus purement fictifs. Ce pouvoir n'était pas seulement revendiqué en théorie, il était exercé en fait jusqu'au commencement de notre siècle. En 1801, la flotte danoise, à laquelle on n'a pas d'autre crime à reprocher que sa neutralité, est détruite par les Anglais. En 1807, c'est la capitale du Danemark qui est bombardée par la même puissance et pour la même cause.

De nos jours, ces barbaries sont flétries par le droit des gens, comme elles le furent autrefois par la conscience publique. Aujourd'hui, la propriété et la liberté des neutres sont également respectées. On ne leur interdit que la contrebande de guerre, c'est-à-dire le commerce des moyens de destruction qui pourraient servir à une des parties belligérantes contre l'autre. Le traité de Paris du 16 avril 1856 abolit cette piraterie légale qu'on appelle la *course*, déclare que le pavillon neutre couvre la marchandise ennemie, et que la marchandise ennemie, à l'exception de la contrebande de guerre, n'est pas saisissable sous pavillon neutre; enfin, qu'il n'y a de blocus obligatoires que les blocus effectifs. Jamais le droit des neutres, c'est-à-dire, pour l'appeler de son vrai nom, la liberté internationale, n'avait fait d'un seul coup de plus importantes conquêtes.

L'institution des ambassades et des délégations diplomatiques, si nécessaires au bon accord des puissances, nous offre une autre preuve des progrès amenés par le temps dans les relations des peuples civilisés. Les nations de l'antiquité ne connaissaient que des missions diplomatiques purement temporaires. Lorsqu'elles pensaient qu'il y avait lieu de conférer ensemble, soit pour régler un différend, soit pour conclure un traité, elles envoyaient les unes chez les autres, avec les qualités d'ambassadeurs, leurs orateurs ou leurs hommes d'Etat, qui, leur mission une fois remplie, retournaient près de leurs concitoyens. Il s'en fallait de beaucoup que l'inviolabilité qui leur était attribuée par l'usage fût toujours respectée. Cet état de choses se reproduit et se prolonge pendant toute la durée du moyen âge. Ce n'est qu'au milieu du XVIIe siècle, après la paix de Westphalie, que les droits des ambassadeurs sont formellement reconnus et que les légations diplomatiques revêtent, dans tous les Etats de l'Europe, le caractère d'une institution permanente. Ce changement, devenu nécessaire par suite de l'extension des relations commerciales, l'était surtout au point de vue politique. Il offrait aux grandes puissances le moyen de se surveiller réciproquement et de conserver l'équilibre établi entre elles par les traités. C'était un gage donné à la paix et à la sécurité générales.

Depuis environ un demi-siècle, les relations entre les puissances européennes sont devenues encore plus fréquentes, et, si l'on peut parler ainsi, plus intimes, plus profitables à la cause de la justice et de l'humanité. C'est dans ce laps de temps, relativement si court, que sont intervenues successivement les conventions qui ont aboli la traite des noirs et la course maritime, assuré la répression des crimes par l'extradition réciproque des malfaiteurs, garanti les droits de la propriété littéraire et artistique, affranchi la navigation de ses anciennes entraves et préparé les voies à la liberté du commerce. Quand on considère que les chemins de fer et le télégraphe électrique, en mettant les peuples en contact perpétuel les uns avec les autres, ont pour effet nécessaire de diminuer leurs défiances et d'accroître leurs sympathies réciproques, il est permis d'espérer que le droit des gens n'a pas dit son dernier mot; mais que de nombreux et importants perfectionnements lui sont réservés dans l'avenir!

CHAPITRE III

DEVOIRS DE L'HOMME ENVERS LES ÊTRES INFÉRIEURS A LUI

XXXVII

L'homme a des devoirs à remplir dans ses rapports avec la nature ou avec les êtres inférieurs. — Soit qu'on les fasse rentrer dans la morale individuelle, ou dans la morale sociale, ou dans la morale religieuse, soit qu'on leur assigne une place à part dans la division de la morale, ces devoirs ne doivent pas être négligés. — Comment nous devons traiter les animaux. — Loi Grammont. — Usage que nous devons faire des choses inanimées.

Nous venons de passer en revue les devoirs qui unissent les hommes entre eux à tous les degrés de l'ordre social, depuis les relations purement individuelles jusqu'à celles qui font la base du commerce réciproque des nations. Mais l'homme n'a-t-il de devoirs qu'envers lui-même et envers ses semblables? N'est-il obligé à rien à l'égard des êtres inférieurs à lui, et cependant capables comme lui, quoiqu'à un moindre degré, de jouissance et de peine, de haine et d'amour, de souvenir et de prévoyance? N'est-il tenu à aucun ménagement à l'égard de la nature animale, quelque degré de développement que puissent atteindre en elle la sensibilité et l'intelligence ? Est-il dans son droit d'oser comme il lui plaît et, par conséquent, d'abuser, même de la nature brute et des objets inanimés ?

De devoirs dans le sens propre, dans le sens rigoureux du mot, il n'y en a pas envers les êtres, quels qu'ils soient, qui sont placés au-dessous de l'humanité; car un devoir suppose nécessairement un droit, et un droit suppose un agent moral, une force libre et intelligente, une personne faite à l'image de la personne humaine. Or, il n'existe rien de semblable, même chez les animaux de l'ordre le plus élevé. La liberté leur manque entièrement, et lorsqu'ils semblent faire un choix, c'est toujours sous l'influence d'une sensation présente ou à venir. Leurs affections, quand ils sont capables d'en éprouver, sont individuelles et instinctives comme celle de la mère pour ses petits, comme celle du chien pour son maître. Leur intelligence ne s'élève pas au-dessus de la perception ou de la comparaison des faits sensibles. Les traits de sagacité, de prévoyance ou de mémoire qui sont attribués à quelques-uns d'entre eux ne dépassent jamais cette limite et ne laissent pas soupçonner la présence d'une idée générale, ou simplement d'une idée. Tout se réduit à des perceptions isolées et à de pures images.

S'il en est ainsi des animaux supérieurs, que penser de ceux qui ont encore une moindre part aux libéralités de la nature? Comment nous figurer une obligation à remplir à l'égard d'un poisson ou d'un reptile? un droit à respecter dans un mollusque ou dans un insecte? D'ailleurs, nous n'aurions aucune raison, en descendant aussi bas, de nous arrêter devant la plante qui, elle aussi, participe aux dons de la vie, et, dans quelques espèces, à ceux de la sensibilité. Entre la plante et le minéral, le passage est bien difficile, la limite bien indécise. Nous serions donc dans la nécessité de faire un pas de plus et d'attribuer des droits, c'est-à-dire une capacité morale, à tout l'univers. Une telle proposition est absolument insoutenable et ne peut se défendre qu'avec la doctrine de la métempsychose ou celle qui divinise le monde. C'est nier le droit et le devoir que de les profaner ainsi; c'est effacer toute différence entre l'homme et les œuvres les plus infimes de la création que d'imaginer qu'il puisse être, dans une mesure quelconque, en communauté morale avec elles. Oui, on l'a dit avec raison, l'homme est le roi de la nature ; il n'y trouve que des sujets, et pas un concitoyen, c'est-à-dire pas un être qui approche de son rang. S'il lui est impossible de croire que tout s'est fait pour lui, du moins a-t-il le droit de se servir de tout dans les limites de son pouvoir. Il n'a d'obligation qu'envers lui-même, nous voulons dire envers la nature humaine prise dans son unité, et envers l'auteur de son existence.

Ainsi, il n'existe rien dans la nature des êtres inférieurs à l'homme d'où l'on puisse conclure qu'ils ont des droits et que nous avons envers eux des devoirs comme la conscience nous en prescrit les uns envers les autres. Mais à l'occasion des actes que nous pouvons faire subir à ces êtres, à l'occasion de la puissance que nous exerçons sur eux et des différents usages auxquels nous les faisons servir, nous avons des devoirs à remplir envers nous et envers la société. En effet, nous sommes obligés en tout temps, quels que soient les objets en présence desquels nous sommes placés, de respecter notre raison et notre liberté, de ne rien faire qui soit capable de nous avilir, de nous dégrader, de nous abaisser au rang de ces créatures subalternes sur lesquelles nous nous arrogeons avec justice un pouvoir illimité. Dès lors, comment nous serait-il permis de les détruire follement, de les faire souffrir quand ce sont des êtres animés, pour nous repaître de leurs souffrances ou pour assouvir notre colère ? S'emporter contre un animal sans raison, qui ne peut comprendre ou satisfaire nos exigences, n'est-ce point se placer à son niveau et se conduire comme un être souverainement déraisonnable ? Maltraiter une pauvre créature sans défense, c'est se montrer à la fois cruel et lâche, c'est manquer à soi-même de deux manières, c'est encourir une double déchéance.

Les actes de cruauté envers les animaux ne sont pas moins nuisibles à ceux qui en sont témoins et à la société qui les supporte dans son sein, qu'à ceux qui les accomplissent. Ou ils blessent le sentiment de la pitié, ou ils ont pour effet de l'affaiblir et même de l'éteindre en accoutumant les hommes au spectacle de la souffrance. Dans l'un et l'autre cas, ils sont malfaisants, et la société a le droit de les réprimer. La société fait bien de ne pas souffrir qu'on expose à ses regards des faits qui l'affligent sans nécessité et qui menacent de la corrompre, des exemples de brutalité et de violence qui, en commençant par les animaux, pourront bien finir par l'homme.

C'est par ce principe que se justifie la loi française du 9 juillet 1850, autrement appelée la loi Grammont, qui prononce la peine de l'amende et de la prison contre ceux (ce sont les termes de la loi) « qui auront exercé publiquement et abusivement des mauvais traitements envers les animaux domestiques. » Il ne faut rien moins en effet que les trois circonstances énumérées dans ce texte pour que la société ait le droit d'intervenir : il faut qu'il y ait abus, c'est-à-dire mauvais traitements inutiles et excessifs ; il faut qu'il y ait publicité, autrement l'intérêt social n'est pas en question; il faut enfin qu'il s'agisse, non des animaux qui sont nuisibles à l'homme et contre lesquels la guerre est permise, mais de ceux qui le nourrissent et qui l'aident dans ses travaux.

Ce n'est pas la première fois que la loi, que la religion même a pris sous sa protection les animaux utiles ou inoffensifs. Nous ne parlerons pas de la loi indienne, de la législation de Manou, qui interdit la destruction de tout être vivant, parce que dans tout être vivant elle aperçoit une âme qui a pu appartenir autrefois à une créature humaine. Poussée à cet excès, la pitié envers les bêtes est l'oubli des droits et de la dignité de l'homme. Mais le Pentateuque revient à plusieurs reprises sur ce sujet avec une sollicitude qui n'a été égalée par aucune législation moderne. Il défend de mutiler les animaux et de les faire souffrir, d'égorger le même jour la mère et son petit, de museler le bœuf qui triture le blé et d'atteler ensemble l'âne et le bœuf, sans doute dans la crainte que le plus faible des deux ne soit surmené s'il reste en arrière du plus fort. Quand on rencontre sur son chemin l'âne ou le bœuf de son ennemi succombant sous sa charge, il veut qu'on l'aide à se relever, enseignant ainsi dans un même précepte le pardon des injures à l'égard des hommes et la pitié envers les animaux.

Si l'on connaissait mieux la sagesse qui a présidé aux œuvres de la nature, si l'on savait ce que contient de merveilles la structure du plus humble insecte, on ne se bornerait pas à ménager les animaux qui peuvent nous servir, mais toutes les fois qu'on n'y verrait aucun dommage pour soi-même, on épargnerait tout être vivant par respect pour l'art, ne craignons pas de dire par respect pour l'artiste incomparable qui l'a produit. Une fleur même qui ne nous gêne pas et que nous n'avons aucun motif de désirer, serait sacrée pour nous. Ainsi comprise, la pitié que nous témoignons à la créature est un hommage rendu au Créateur.

Les règles de conduite que la saine morale nous prescrit envers les animaux nous indiquent celle qu'il nous convient d'observer à l'égard des choses inanimées. Dans ce dernier cas comme dans le premier, nous sommes obligés de tenir compte de ce que nous devons à nous-mêmes et de ce que nous devons à nos semblables. Nous nous devons à nous-mêmes de n'user des choses que d'une manière raisonnable. Or, ce n'est pas ainsi qu'en use l'avare, ou le prodigue, ou l'homme violent, qui s'emporte contre la matière, comme le chien qui mord la pierre dont il a été frappé, qui se laisse dominer par ses caprices ou ses aveugles colères jusqu'à n'être plus qu'une force inintelligente, un agent de destruction. Si fugitifs que soient ces mouvements, ils n'en sont pas moins une humiliation et une chute, une infraction à la loi qui nous commande de nous respecter, de veiller à notre conservation morale avec autant et encore plus de sollicitude qu'à notre conservation physique.

Nous devons à nos semblables de ne rien détruire qui puisse servir à leur usage, de ne point profaner par un emploi indigne les œuvres de la nature ou de l'industrie qui sont propres à une destination plus élevée, de ne point jeter aux bêtes ce qui peut être utile ou agréable aux hommes. Mais les objets matériels que nous devons épargner avec le plus de soin, ce sont ceux que le génie a transformés à son image et rendus dépositaires de sa pensée, ceux que le temps recommande à notre vénération comme les témoins muets de la vie de nos ancêtres; ce sont, en un mot, les œuvres de l'art et les monuments de l'histoire. Parce que les idées qu'ils expriment ne sont plus les nôtres, ce n'est pas une raison et cela ne nous donne pas le droit de les anéantir; ce sont des anneaux précieux de la chaîne mystérieuse qui relie entre elles les générations humaines.

CHAPITRE IV

DEVOIRS ENVERS DIEU OU MORALE RELIGIEUSE

XXXVIII

La morale religieuse est le couronnement nécessaire de la morale. — La morale religieuse a pour fondement la croyance à l'existence de Dieu. — Principales preuves de l'existence de Dieu : preuves tirées de la nature inorganique, de la nature organisée, de l'ensemble des facultés de l'âme humaine, de la raison, du sentiment.

L'homme n'est pas seulement en rapport avec la nature, avec la société et avec lui-même; au-dessus de ces trois sortes d'existences, il en conçoit une autre avec laquelle il n'a jamais cessé de se croire en communication par ses actions, par ses pensées et par ses sentiments. Dieu a de tout temps occupé son cœur et son esprit. Dieu a un nom dans toutes les langues, si incultes et si barbares qu'elles puissent être; il a une place dans l'histoire de tous les peuples; il est invoqué en tête de tous les codes; il a inspiré à la poésie ses plus beaux chants et à l'art ses œuvres les plus accomplies; il est l'objet des méditations de la philosophie aussi bien que des enseignements de la religion; à lui s'adresse toute prière; à lui remonte tout sacrifice; à lui s'attachent les dernières espérances de ce monde. La morale serait donc inachevée si elle ne s'élevait pas jusqu'à lui, si elle ne cherchait pas quels sont les liens qui nous unissent à lui, quels sont les devoirs que nous imposent notre nature et la sienne.

Notre premier devoir envers Dieu, c'est de le connaître, et, pour le connaître, il faut que nous commencions par être convaincus de son existence. Quelle autre obligation nous pourrions-nous reconnaître envers lui si nous n'avions pas d'abord rempli celle-là? D'ailleurs, le plus bel hommage que nous puissions rendre à l'auteur des choses, c'est de faire remonter jusqu'à lui l'intelligence dont il nous a doués et de chercher partout les traces de sa présence et les marques de sa perfection.

L'existence de Dieu nous est attestée à la fois par la nature, par la conscience de l'homme et par les lois mêmes de l'intelligence, par les conditions essentielles de la pensée. De là l'usage de diviser les preuves de l'existence de Dieu en trois classes : les preuves physiques, les preuves morales, les preuves métaphysiques.

Pour être assuré que la nature ne peut être que l'œuvre d'une cause intelligente, infinie en puissance comme en sagesse, il suffit d'ouvrir les yeux. Soit qu'on les lève vers la voûte céleste, soit qu'on les abaisse sur la terre, soit qu'on se plaise à contempler par une belle nuit les sphères enflammées qui peuplent l'espace, soit qu'on étudie avec patience la structure d'un animal, d'un insecte, d'une plante, on reste frappé d'admiration et d'étonnement. Quelle magnificence, quelle harmonie, quelle sublime majesté dans l'ensemble! Quel art consommé, quelle science profonde, quelle tendre prévoyance et généralement quelle grâce exquise dans les détails! Il faut que le témoignage rendu par l'univers à son auteur soit bien éloquent pour qu'on ait pu dire il y a trois mille ans : « Les cieux racontent la gloire de Dieu, et le firmament nous dit les œuvres de ses mains (1). » Que devons-nous donc penser aujourd'hui que l'astronomie a, pour ainsi dire, reculé les bornes de l'immensité et que dans chacune des étoiles qui brillent et se pressent dans son sein elle nous a fait apercevoir un monde ? Ces mondes innombrables ne sont point semés au hasard; ils se divisent par groupes qui ont leurs centres et leurs circonférences; ils obéissent à des lois immuables; ils sont poussés et retenus par des forces qui se balancent entre elles et justifient la légende de Pythagore sur l'harmonie des sphères.

Est-ce le hasard qui a produit ces merveilles ? Est-ce la matière qui s'est ainsi coordonnée d'elle-même par sa propre énergie et suivant des lois qui lui appartiennent? Le hasard est une idée purement négative. Il signifie l'absence de toute cause ou une cause inintelligente. L'absence de toute cause est inadmissible pour expliquer un effet quelconque, à plus forte raison un effet comme celui qui se déroule sans interruption dans l'espace infini. Une cause inintelligente ne peut pas nous rendre compte de l'ordre et de l'harmonie de l'univers. Si cette raison suffit pour repousser le hasard, elle suffit aussi pour repousser la matière, car une des propriétés les plus essentielles de la matière, la divisibilité, exclut formellement l'intelligence. A parler exactement, la matière, composée d'atomes, n'est pas un seul être, une seule existence, mais un nombre infini d'existences, d'éléments bruts susceptibles de combinaisons également infinies. Comment cette vile multitude, privée de vie et de

---

(1) Psaumes de David, psaume XIX.

pensée, comment ce chaos abandonné à lui-même aurait-il produit ce monde admirable, dont le nom signifie l'ordre et la beauté ? Ce n'est pas tout. Quand on veut se passer de Dieu et mettre la matière à sa place, on est forcé de croire que la matière a toujours existé, qu'elle est éternelle et nécessaire. Pourquoi donc la matière aurait-elle toujours existé et Dieu n'existerait-il pas? Pourquoi, pour nous servir des termes de Bossuet, l'imparfait serait-il et le parfait ne serait-il pas ? Vous refusez de croire à l'existence de Dieu qui suffit à tout, qui est la raison de tout, qui est la solution de toutes les énigmes de la nature, et vous croyez à l'éternité de la matière qui ne suffit à rien, qui ne peut rien nous expliquer par elle-même et par elle seule, qui nous laisse aussi embarrassés devant le spectacle de l'univers que si l'univers avait commencé sans cause. On ne conçoit pas une plus choquante contradiction.

Nous venons de parler des merveilles du ciel ou de la nature inorganique considérée dans sa majestueuse unité ; celles de l'organisation et de la vie ne sont pas moins belles à contempler et ne nous offrent pas une preuve moins irrécusable de l'existence de Dieu. Dans tout être vivant, qu'il appartienne au règne animal ou au règne végétal, nous apercevons clairement un dessin, un plan, une idée préconçue. Les éléments matériels ou chimiques dont ce corps vivant est composé se combinent de manière à former plusieurs organes. Tous ces organes, dessinés d'après un modèle invariable que les lois de la chimie et de la physique sont incapables de nous expliquer, ont la composition et la forme les mieux appropriées à leurs fonctions respectives. Par exemple, l'œil est fait pour voir, l'oreille pour entendre, les pieds pour marcher, les ailes de l'oiseau pour voler, les mains de l'homme pour exécuter les ordres d'une volonté intelligente, et il faut pousser bien loin l'esprit de système ou de paradoxe pour contester cette proposition. Toutes les fonctions, exécutées sous l'empire d'un instinct inné et infaillible, se coordonnent de telle sorte qu'elles conspirent à un but commun : la conservation temporaire de l'individu et la durée perpétuelle de l'espèce. L'espèce nous présente dans son ensemble l'idée générale dont l'individu n'est qu'une réalisation plus ou moins complète. Aussi les espèces n'acceptent-elles jamais des mains de l'homme que des altérations superficielles ou fugitives. Les produits de deux espèces différentes n'ont pas le don de la fécondité ou ne l'ont que pour un nombre limité de générations. En présence de ces dessins si nettement accusés, de ces plans si savamment conçus, si admirablement exécutés et coordonnés dans leur variété prodigieuse, comment se refuser à les faire remonter à une suprême intelligence? L'intelligence que nous révèle la nature vivante nous offre un caractère plus élevé que celle qui préside à la nature inanimée : c'est l'intelligence unie à la bonté, l'intelligence qui prévoit les besoins de la vie et y pourvoit avant même que la créature ne soit née ; ce n'est plus simplement, selon les expressions de Leibnitz, l'éternel géomètre ou l'architecte de l'univers ; c'est la divine providence.

Les espèces vivantes ne reçoivent pas seulement de la nature les organes nécessaires aux fonctions de la vie ; la plupart d'entre elles, animaux et plantes, ont reçu, en outre, l'attribut de la beauté. Leurs formes élégantes, leurs brillantes couleurs, la grâce ou la majesté de leurs mouvements en font la parure de la terre et l'orgueil de la création. L'homme, plus richement pourvu de ce don précieux que tous les autres êtres réunis, est pour lui-même un objet d'imitations intarissables et de nobles contemplations. Ce caractère étant également répandu dans la structure générale du monde, telle qu'elle apparaît, dans certains moments, à nos yeux éblouis, on peut dire que l'auteur des choses se révèle aussi à nous comme un artiste divin dont les œuvres répondent à un idéal éternel, modèle invisible de toute beauté terrestre. Comment se persuader que l'existence de l'artiste qui a fait les fleurs, les animaux et les hommes, qui a donné au soleil son éclatante lumière, qui a déchaîné les vagues de l'Océan et fait jaillir de la terre les chaînes de montagnes, soit moins bien démontrée que celle du sculpteur inconnu à qui nous devons la Vénus de Milo ou l'Apollon du Belvédère ?

En passant du règne organique et de la nature en général à la nature humaine, nous faisons un nouveau pas dans la connaissance de Dieu et nous trouvons, pour affirmer son existence, des raisons d'autant plus persuasives qu'elles sont prises en nous-mêmes, qu'elles nous sont fournies par notre conscience. Nous sommes des êtres pensants, nous sommes des êtres libres, nous savons discerner entre le bien et le mal. Cette pensée qui est en nous ne saurait venir de la matière qui ne pense pas. Cette liberté qui est en nous ne saurait venir d'une substance qui obéit à des forces aveugles et ne reconnaît que l'empire de la nécessité. Enfin, l'empire de la nécessité supprime toute différence entre le bien et le mal et rend impossible la notion du devoir. Donc, il y a au-dessus de l'homme et au-dessus de la nature un être pensant, un être libre, un suprême législateur, qui est le principe de la pensée et de la liberté, qui est le principe de la loi régulatrice des actions humaines. Dieu alors apparaît à notre esprit non plus seulement comme l'auteur et la providence du monde, mais comme le Dieu de la conscience, comme le Père du genre humain, comme le législateur du monde moral.

La croyance en Dieu est tellement essentielle à notre nature, qu'on la trouve, comme nous l'avons dit en commençant, chez tous les peuples, à toutes les époques de leur histoire. Dès qu'on aperçoit un certain nombre d'hommes réunis en société, on peut être sûr que, sous une forme ou sous une autre, ils reconnaissent et invoquent une puissance invisible, maîtresse de la nature et d'eux-mêmes, arbitre suprême de leurs destinées. Ce fait, qu'on a vainement cherché à obscurcir par quelques rares et douteuses exceptions, ce consentement unanime des nations à regarder le monde comme l'effet d'une volonté intelligente, c'est ce qu'on appelle habituellement la preuve morale de l'existence de Dieu. Mais cette preuve n'ajoute rien aux précédentes; elle n'en est que la manifestation historique.

La nature de quelques-unes de nos idées, de celles qui constituent en quelque sorte le fond invariable de notre raison, nous démontre l'existence de Dieu avec non moins de certitude que l'ensemble de nos facultés. Comment, par exemple, finis et imparfaits comme nous le sommes, n'apercevant hors de nous que des êtres imparfaits et finis, aurions-nous l'idée de l'infini et de la perfection, si cette idée ne nous venait pas d'un être qui possède réellement ces attributs? De plus, la raison nous oblige à croire d'une foi invincible que tout ce qui a commencé a une cause. Or, tous les êtres et tous les objets que nous connaissons ont commencé; l'astronomie et la mécanique céleste nous apprennent que le soleil et les planètes répandus dans l'espace ont commencé; nous-mêmes, individuellement, et notre espèce tout entière, nous avons commencé ; donc, il y a une cause suprême sans commencement et sans fin, éternelle et infinie, par conséquent toute-puissante, puisqu'elle ne rencontre de bornes nulle part, la seule cause vraiment digne de ce nom, l'univers tout entier n'étant qu'un effet de sa puissance.

A la voix de la raison vient se joindre celle du sentiment. Quand des passions basses ou des besoins grossiers n'arrêtent pas l'essor de nos facultés, nous éprouvons naturellement un besoin d'aimer et d'admirer, un amour du bien et du beau que rien d'imparfait ni de fini ne peut satisfaire. D'où nous viendrait un tel besoin, sinon de Celui qui est lui-même le beau et le bien dans leur essence, ou la source inépuisable de l'admiration et de l'amour ? Donc, Dieu existe. Nous remarquerons seulement que, lorsqu'il s'agit d'une vérité aussi importante que celle qui nous occupe en ce moment, le sentiment ne doit être invoqué que pour compléter l'œuvre de la raison ; par lui seul, il est insuffisant, car tous ne l'éprouvant pas au même degré, il n'a pas la clarté et l'autorité des idées nécessaires et de lois fondamentales de l'intelligence. Il n'en est pas moins vrai que toutes les facultés de l'âme humaine, comme tous les phénomènes de la nature, se réunissent comme dans un harmonieux concert pour proclamer l'existence et célébrer la gloire du Créateur.

XXXIX

De la nature de Dieu et de ses rapports avec l'homme. — Des sentiments que nous inspire la nature de Dieu et des devoirs qu'elle nous impose : culte intérieur ; culte extérieur ; culte public.

Les raisons par lesquelles nous affirmons l'existence de Dieu nous donnent une idée de ses attributs ou de sa nature. Il est d'abord l'être nécessaire, puisque sans lui rien n'existerait ni ne pourrait se concevoir. Il est l'être infini, car ce qui est fini ou borné ne peut se suffire à lui-même et passer pour nécessaire. D'ailleurs, il n'y a qu'un être infini qui puisse nous avoir donné l'idée de l'infini. L'être infini ne peut être limité ni dans le temps ni dans l'espace; il est donc éternel, et aucun point de l'immensité n'est privé de sa présence. L'être infini, nécessaire, éternel, ne peut subir aucun changement; il est immuable. Il n'y a qu'un seul être infini et nécessaire, un seul être qui puisse remplir de son existence l'immensité et l'éternité. Plusieurs infinis, plusieurs êtres nécessaires, offrent à l'esprit une choquante contradiction. Dans l'idée que notre raison est capable de se former de la nature divine, nous sommes donc obligés de comprendre l'unité.

Les attributs que nous venons d'énumérer ont tous un même caractère : ils nous montrent en quoi Dieu diffère de tous les autres êtres; ils ne nous apprennent rien de ses rapports avec eux et surtout avec nous. Dire que Dieu est nécessaire, infini, éternel, un, immuable, c'est simplement le distinguer du fini, du variable, du multiple, en un mot de tout ce qui n'est pas lui; c'est affirmer qu'il est, sans dire de quelle nature il est. Or, s'il était vrai, comme on l'a soutenu par un sentiment de fausse humilité, que nous fussions dans l'impuissance d'aller plus loin, nous ne serions pas plus avancés dans notre perfectionnement moral de savoir que Dieu existe, que de l'ignorer absolument; car Dieu ne serait pour nous que l'inconnu. L'inconnu ne peut être l'objet ni de notre amour, ni de notre respect, ni de notre espérance. Une idée aussi vague, aussi abstraite, aussi stérile, ne peut exercer aucune influence sur nos sentiments et sur nos actions, ne peut servir à diriger la vie des individus et des nations.

Heureusement, les bornes de la raison humaine ne sont point aussi étroites qu'on les représente. Dieu se révèle à nous dans la nature et dans nous-mêmes avec une multitude de perfections qui, sans combler la distance du fini à l'infini ou du temps à l'éternité, le montrent toujours présent par l'action et par la pensée dans chacune de ses œuvres, particulièrement dans l'homme, et nous font une nécessité de reconnaître en lui le Dieu vivant, le Dieu créateur de l'Écriture. Quand il se manifeste à travers le voile de la nature (1) comme l'éternel géomètre, comme l'architecte et la providence de l'univers, comme l'artiste divin à qui l'homme emprunte tous ses modèles, est-ce qu'il est possible de lui refuser l'intelligence, la puissance, la bonté, l'idée et l'amour du beau ? L'intelligence, la puissance, la bonté ou l'amour, tels sont aussi les attributs avec lesquels Dieu se révèle à notre conscience; mais réfléchis dans les facultés de notre âme, ils brillent d'une lumière plus pure et plus éclatante que dans les merveilles du monde extérieur.

Ainsi l'intelligence divine n'est plus pour nous un mystère impénétrable et étranger à notre nature ; c'est la source d'où émane notre propre raison ; c'est notre raison même affranchie de toute entrave, élevée à la mesure de l'infini. Or, si Dieu est la source de la raison, s'il est la raison éternelle dans son essence indivisible, il faut nécessairement lui accorder la conscience ; car on ne pense pas sans savoir que l'on pense. Dieu se connaît donc lui-même en même temps qu'il connaît l'universalité des choses; il est une personne divine.

La puissance divine, quand nous la considérons comme la cause de nos facultés, n'est plus simplement la cause infinie et toute-puissante dont l'activité

---

(1) *Voyez* le chapitre XXXVIII.

ne rencontre point de bornes dans l'immensité et dans l'éternité; c'est une cause libre et personnelle, qui veut ce qu'elle fait, comme elle fait ce qu'elle veut, mais dont la volonté et l'action, dont la liberté et la puissance sont toujours d'accord avec les lois de l'éternelle raison.

Enfin, tandis que dans la nature nous n'apercevons que l'ordre et la beauté, la conscience nous parle de la loi du devoir, nous enseigne l'existence d'un bien absolu, d'une perfection souveraine; et lorsque nous voulons remonter au principe de cette loi, à la source de ces idées et de l'amour qu'elles nous inspirent, alors seulement nous apparaît l'amour divin, c'est-à-dire l'amour infini dans ses rapports avec le monde moral, avec le monde des âmes et des intelligences. Dans l'amour divin sont comprises, avec la bonté et la félicité suprêmes, la sainteté et la justice : car la sainteté, c'est l'absence de tout ce qui est contraire à l'amour; la justice, qu'il ne faut pas confondre avec la vengeance, c'est l'amour veillant à l'harmonie universelle, unissant par un lien indissoluble le bien et le bonheur, et effaçant le mal par l'expiation.

La toute-puissance, la sagesse éternelle et l'amour infini, unis ensemble dans notre pensée comme ils le sont dans la nature divine, nous forcent à concevoir Dieu comme la cause créatrice de tout ce qui existe; car le pouvoir créateur, ce n'est pas autre chose que la toute-puissance ayant en elle-même sa raison d'être et la forme idéale de ses œuvres, la toute-puissance éclairée par la sagesse et inspirée par l'amour.

De la nature divine ainsi comprise dérivent tous les devoirs que nous avons à remplir envers elle et les sentiments qui font pour nous de ces devoirs un véritable besoin, une nécessité inhérente à notre âme.

Ainsi que nous l'avons dit (1), notre première obligation à l'égard de la Divinité, et aussi notre premier besoin quand nous commençons à réfléchir, c'est de la connaître, c'est de nous convaincre de son existence par l'étude attentive de l'homme et de l'univers, c'est de nous pénétrer de sa grandeur, de sa bonté et de sa sagesse. Il n'y a pas une science qui, bien dirigée, ne puisse contribuer à nous faire connaître Dieu.

Dieu une fois présent à notre pensée, comment ne serait-il pas présent à notre cœur? Dieu une fois connu de notre raison, comment nous défendre de l'aimer et de l'admirer? Comment n'être point saisi d'un saint respect devant les marques de sa puissance, d'un pieux transport devant les merveilles de sa sagesse, d'une reconnaissance infinie pour les dons innombrables de son amour? Ces divers sentiments ne peuvent point se séparer les uns des autres; ils se réunissent dans un sentiment unique qui s'appelle l'adoration, et l'adoration, tant qu'elle ne s'est point manifestée par des paroles et par des actes, constitue le culte intérieur.

Mais il est dans la nature et, par conséquent, dans les besoins de l'homme d'exprimer ce qu'il éprouve, en donnant à ses expressions la vivacité qui est dans ses sentiments. Il se gardera donc de renfermer en lui-même l'idée qu'il s'est faite de l'auteur des choses, la foi qu'il a mise en lui, les émotions dont il est pénétré en contemplant ses œuvres et en méditant sur ses perfections; mais il voudra les communiquer à ceux qui l'entourent, il voudra les répandre tout à la fois pour rendre hommage à Dieu et pour concourir au bonheur de ses semblables. Il se persuadera avec raison que de tels biens sont faits pour être partagés.

(1) *Voyez* le commencement du chapitre XXXVIII.

C'est ainsi qu'au culte intérieur viendra se joindre naturellement le culte extérieur.

Le culte extérieur conserve un caractère privé aussi longtemps qu'il se renferme dans les relations individuelles ou dans le cercle de la vie de famille. Mais le sentiment religieux, le plus expansif et le plus énergique de tous ceux que notre âme est capable d'éprouver, ne souffre pas qu'on l'emprisonne dans ces étroites limites. Il rend les hommes plus exigeants. Il leur faut une confession publique de leurs croyances, des affirmations qu'ils puissent répéter en chœur avec une foule innombrable, avec une longue suite de générations nourries des mêmes dogmes et soumises à la même règle. Il leur faut des symboles autour desquels ils se puissent reconnaître et s'appuyer les uns sur les autres. Il leur faut des réunions solennelles où ils sentent leur âme remonter à sa source, parmi des nuages d'encens et des flots d'harmonie, avec les prières et les actions de grâce d'une foule unie dans une même pensée, prosternée devant le même autel. Il leur faut, à chacune des circonstances importantes de leur vie, une voix grave et respectée qui leur rappelle le secret sublime de leur destinée, pourquoi ils sont venus dans ce monde, comment ils doivent s'y conduire, avec quelles espérances ils doivent le quitter! C'est ainsi que le culte extérieur, émanation nécessaire du culte intérieur, n'existe réellement, ne satisfait complétement notre âme que lorsqu'il est revêtu d'un caractère public. On n'est pas vraiment religieux si l'on ne comprend pas, si l'on refuse de reconnaître cette grande loi de la nature humaine; et celui dont le cœur ne s'est point ouvert au sentiment religieux ne comprendra jamais qu'imparfaitement la sublime autorité et le caractère divin de la loi morale.

XL

L'accomplissement de la loi morale fait partie de nos devoirs envers Dieu. — Le devoir envisagé comme obéissance à la volonté divine. — Ce que le sentiment moral emprunte de force à l'idée d'un législateur suprême qui ordonne le bien et défend le mal.

Le culte que nous devons à Dieu et les devoirs que nous avons à remplir envers les hommes, c'est-à-dire envers nos semblables et envers nous-mêmes, le sentiment religieux et le respect de la loi morale sont des choses absolument inséparables, comme l'idée de Dieu et l'idée de devoir. Ainsi que nous l'avons déjà remarqué (1), l'existence du devoir, si énergiquement proclamée par la conscience du genre humain, est une des preuves les plus irrécusables sur lesquelles on puisse appuyer l'existence de Dieu; car comment concevoir une loi sans un législateur? Comment comprendre qu'une loi éternelle et absolue, telle que nous concevons nécessairement la loi morale, puisse sortir spontanément de l'intelligence d'un être périssable et fini comme nous ou de la matière inintelligente? Une loi éternelle et absolue, une loi qui nous commande de tendre sans cesse et de l'effort de toutes nos facultés à la perfection, ne peut émaner que d'un être éternel et parfait. « La loi morale en moi, le ciel étoilé au-dessus de moi, » voilà, pour nous servir des expressions d'un philosophe moderne, ce qui nous révèle le plus clairement l'existence de Dieu et la grandeur de l'homme.

Mais si le devoir, en même temps qu'il nous est prescrit par notre raison comme la règle et le but de notre

---

(1) *Voir* le chapitre XXVIII, *Preuves de l'existence de Dieu* rées des facultés de l'âme humaine.

existence, revêt pour nous le caractère d'une loi divine, il en résulte que l'accomplissement de cette loi fait nécessairement partie du culte que nous devons à la Divinité et même qu'il est le premier, le plus sacré de tous les devoirs que nous avons à remplir envers elle. Quel hommage plus sincère et plus éclatant pourrions-nous rendre à Dieu que de nous pénétrer de son esprit et de l'imiter dans ses œuvres autant que le permet notre faiblesse? L'esprit de Dieu, les œuvres de Dieu, c'est tout ce que nous prescrit la loi morale, c'est la recherche de la perfection pour nous-mêmes, c'est la justice et la charité pour les autres, c'est la sagesse et la bonté même envers les êtres qui sont au-dessous de l'humanité. L'Écriture sainte est ici parfaitement d'accord avec la raison, car elle nous dit : « Soyez parfaits comme votre Père qui est dans le ciel. » Elle nous enseigne aussi que la foi est stérile sans les œuvres et qu'il n'y a pas de piété véritable sans la charité. A plus forte raison n'y a-t-il pas de piété sans la justice. Comment nous persuader que nous aimons Dieu et que nous l'adorons quand nous méprisons ses lois, quand nous foulons aux pieds les devoirs qu'il nous a prescrits et qu'il ne cesse de nous révéler lui-même par la voix de la conscience, quand nous accablons d'outrages et de violences sa créature bien-aimée, l'homme formé à son image, puisqu'il est libre et intelligent comme lui? Aimer, honorer et servir la nature humaine, la soustraire au vice, à l'ignorance, à la servitude, à l'abaissement qui vient de la misère comme à celui qui vient de l'égoïsme et des passions brutales, c'est aimer, honorer et servir Dieu. La haïr, la mépriser, l'opprimer, ou même rester indifférent à ses souffrances et à ses misères, à ses infirmités matérielles ou morales, c'est blasphémer et vivre dans l'impiété, quand même on aurait sur les lèvres les plus ardentes prières et les plus belles professions de foi.

Lorsqu'on dit que la loi morale est une loi divine, il faut d'abord entendre par là qu'elle a son principe dans la raison divine, qu'elle est conforme à la divine sagesse, qu'elle est l'expression de l'ordre éternel qui a présidé à toutes ses œuvres et s'est réfléchi particulièrement dans la conscience humaine. Mais il n'en est pas de la nature divine comme de la nature de l'homme. Dans l'homme, sollicitée en sens contraire par la passion et le devoir, la volonté est souvent en désaccord avec la raison et l'on a pu avec justesse lui faire dire : « Je fais le mal que je hais, je fuis le bien que j'aime (1). » En Dieu, la raison et la volonté sont inséparables. L'être parfait ne connaît point la passion ni la tentation du mal. Tout ce qui est bon, tout ce qui est juste, tout ce qui est sage, il l'aime, il le veut d'une volonté éternelle comme lui-même. Par conséquent, la loi morale peut et doit être considérée aussi comme l'expression de la volonté divine. En l'accomplissant, nous avons le droit de nous dire que nous n'observons pas seulement les conditions de notre existence et de notre perfectionnement, que nous ne suivons pas seulement la plus noble et la plus universelle impulsion de notre nature, que nous ne remplissons pas seulement nos obligations envers nous-mêmes et envers nos semblables, mais que nous obéissons à la volonté de Dieu, que nous exécutons les ordres qu'il nous a donnés par la voix de notre conscience.

Comprendre ainsi la loi morale, c'est reconnaître un lien de plus entre l'homme et son Créateur et lui prêter de nouvelles forces dans l'accomplissement de sa destinée. Ce qui n'était d'abord qu'une idée, une

---

(1) *Video meliora, deteriora sequor.*

pure conception de notre raison et un sentiment inné souvent obscurci et combattu par des sentiments contraires, devient maintenant un fait, un texte vivant, si l'on peut ainsi parler, qu'une main toute-puissante a inscrit dans nos âmes, un commandement formel, reçu d'en haut et renouvelé chaque fois que nous sommes mis en demeure de choisir entre le bien et le mal. En remontant de la loi au législateur, nous avons la certitude de ne pas nous abuser par une vaine métaphore ou de ne pas tomber dans cette illusion qu'on appelle une abstraction réalisée; mais ce législateur, qui, non content de m'éclairer d'un rayon de sa sagesse, me signifie les décrets de sa volonté, est un être réel, une personne divine chez qui les attributs infinis ne suppriment pas la conscience et la liberté, un souverain qui veut être obéi autant qu'il veut être aimé. Enfin, la sanction de la loi morale, au lieu de se présenter à notre esprit comme la conséquence purement logique d'un principe, nous apparaît, elle aussi, comme un fait inévitable, comme l'œuvre prévue de la justice armée de la toute-puissance, ou de la toute-puissance dirigée par la justice éternelle.

Ce serait méconnaître assurément le caractère désintéressé du bien, c'est-à-dire la condition la plus essentielle de son existence, que de donner pour motif à nos actions la rémunération qui leur est réservée par la justice divine. L'idée même de Dieu n'est complète dans notre esprit et ne satisfait notre âme que lorsqu'elle comprend l'idée du bien et s'appuie en grande partie sur elle. Mais dans l'idée du bien, affranchie comme elle doit l'être de toute condition restrictive, conçue par la raison, ainsi que son caractère absolu l'exige, comme l'expression de l'ordre universel, comment ne pas faire entrer l'harmonie du mérite et de la récompense, l'harmonie de la vertu et du bonheur, c'est-à-dire la rémunération divine? C'est ainsi, comme nous l'avons dit (1), que le sentiment religieux, que l'espérance religieuse d'une autre vie est le couronnement nécessaire, la conclusion logique de la morale. La saine raison, aussi bien que le sentiment et la foi universelle du genre humain, répudie ce qu'on a appelé récemment la morale indépendante, c'est-à-dire une morale absolument étrangère à la croyance en Dieu.

(1) *Voir* le commencement du chapitre XXXVIII.

FIN

COULOMMIERS. — TYPOGRAPHIE PAUL BRODARD

www.ingramcontent.com/pod-product-compliance
Lightning Source LLC
Chambersburg PA
CBHW071946110426
42744CB00030B/567